# 幕末の福井藩

本川幹男ほか◉著
福井県郷土誌懇談会◉編

岩田書院ブックレット
H-29
［歴史考古学系］

岩田書院

装幀◉渡辺将史

# 目　次

**本文中写真**

写真1・3・4・8：福井市立郷土歴史博物館蔵　写真2：越知山大谷寺蔵（三井紀生氏写真提供）
写真5：坂井市みくに龍翔館蔵　写真6：早稲田大学図書館蔵『横浜開港見聞誌 上』　写真7：島橋八幡神社蔵（福井市、福井県立歴史博物館写真提供）　写真9：『子爵由利公正伝』　写真10：福井県立図書館蔵

**表紙写真**

［表］　福井城旧景「御本城橋」：福井県立図書館蔵
　　　馬威し図屛風（部分）：福井県立歴史博物館蔵
［裏］　復元された福井城御廊下橋・山里口御門と天守台跡：三好康太氏撮影
　　　福井藩製造局図：越葵文庫（福井市立郷土歴史博物館保管）「福井温故帖」より

# 凡例

一、典拠史料のうち、刊本は二重カギ括弧で表記し、『福井市史9』（『福井市史』資料編9）、『景岳全集』（『橋本景岳全集』）、『書簡集』（『松平春嶽未公刊書簡集』）のように略称とし、収載史料に番号のあるものは番号のみを記した。略称と正式名称との対比は、巻末「参考史料・参考文献」に「■史料（刊本）」として示している。また、未刊史料は一重カギ括弧で表記し、同じく巻末に「■史料（未刊）」として示している。

一、典拠史料のうち人事関係は、『福井藩士履歴　1〜7』（福井県文書館）による場合は、原則として特に必要とするもの以外明記しなかった。

一、参考文献は〔執筆者 発行年〕で表記し、巻末の「参考史料・参考文献」に「■参考文献」として示している。

一、本書の企画・編集は、福井県郷土誌懇談会出版事業編集委員（角明浩・金田久璋・中島嘉文・本川幹男・柳沢芙美子）が行った。また、本文は本川幹男が執筆し、各論を内田好美・熊澤恵里子・長野栄俊・平野俊幸・柳沢芙美子が担当した。

一、本書で扱う「幕末」は田安錦之丞が福井藩松平家を継ぎ慶永を称した、おおむね天保九年（一八三八）を始期に置き、明治四年（一八七一）の廃藩置県までとした。

一、各人名は一般に呼称されていた通称を基本とし、必要に応じて実名・別名・改姓名・号等を注記するに止めた。

一、福井県内の各藩名は城下や陣屋地名に統一し、他はそれぞれの通称にしたがった。

一、読者の便を考え、史料を含め、漢字にはなるべく読み仮名を付すことに努めた。

# 幕末の福井藩

本川 幹男

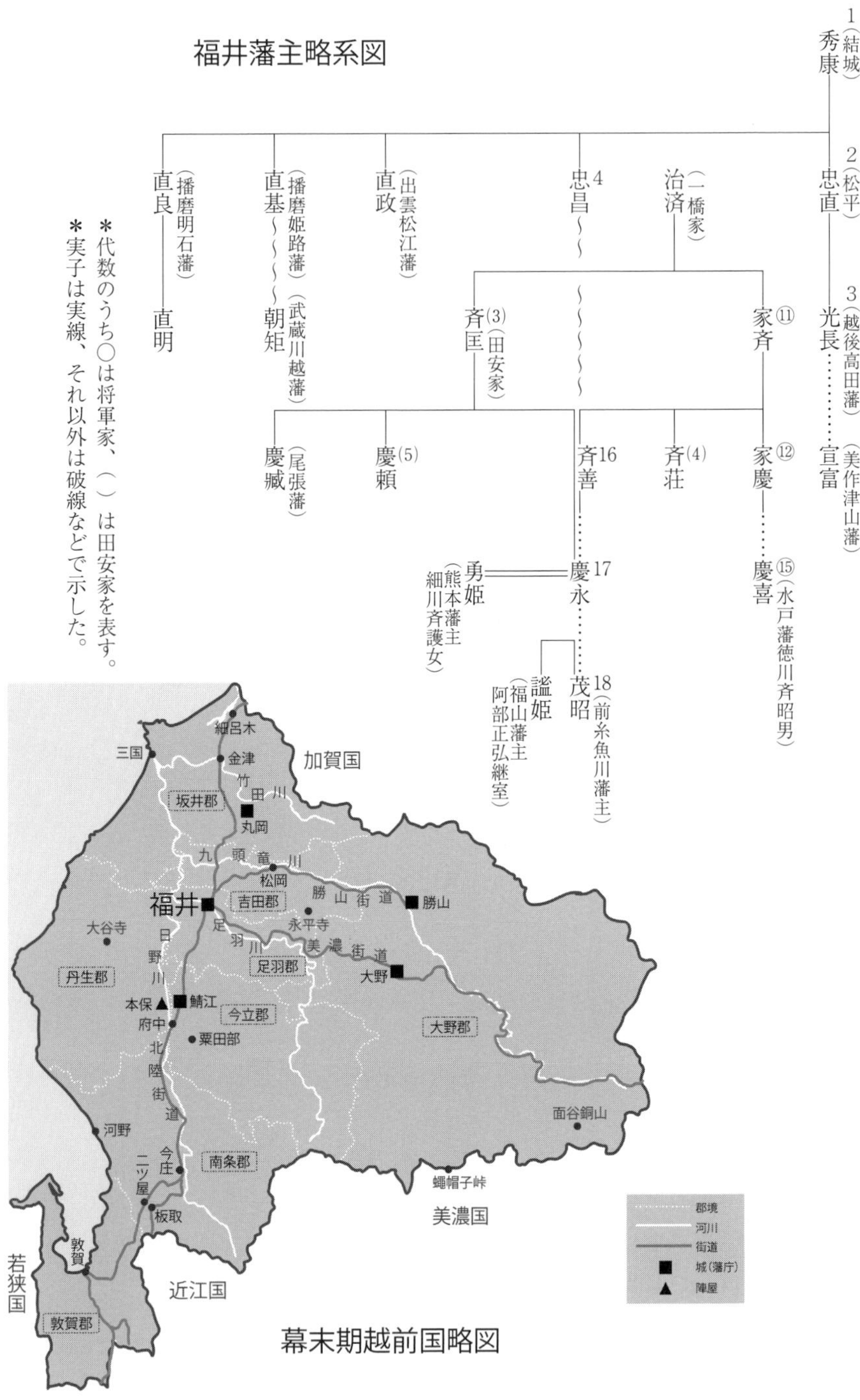
福井藩主略系図
1 秀康（結城）
2 忠直（松平）
3 光長（越後高田藩）
宣富（美作津山藩）
4 忠昌
治済（一橋家）
直政（出雲松江藩）
直基（播磨姫路藩）
朝矩（武蔵川越藩）
直良（播磨明石藩）
直明
⑪ 家斉
斉匡（3）（田安家）
⑫ 家慶
斉荘（4）
斉善 16
慶頼（5）
慶臧（尾張藩）
⑮ 慶喜（水戸藩徳川斉昭男）
慶永 17
勇姫（熊本藩主細川斉護女）
茂昭 18（前糸魚川藩主）
謐姫（福山藩主阿部正弘継室）
＊代数のうち○は将軍家、（ ）は田安家を表す。
＊実子は実線、それ以外は破線などで示した。
幕末期越前国略図
細呂木
三国
金津
加賀国
竹田川
坂井郡
丸岡
九頭竜川
松岡
福井
吉田郡
勝山街道
勝山
永平寺
大谷寺
足羽川
日野川
美濃街道
足羽郡
大野
丹生郡
本保
鯖江
今立郡
府中
粟田部
大野郡
北陸街道
面谷銅山
河野
今庄
二ツ屋
南条郡
蝿帽子峠
板取
美濃国
敦賀
若狭国
近江国
敦賀郡
郡境
河川
街道
城（藩庁）
陣屋

# はじめに

近年、幕末福井藩への関心が高まっている。それには二〇一八年が明治一五〇年にあたったことから、かなり以前からその記念行事が政府をはじめ全国的に計画され、マスメディアも呼応して盛大に展開されたことが大きい。福井県内各自治体もこぞって参加し、博物館展示はもちろん関連する催しが一年を通して絶えず、全国的にも注目された。

福井県の場合、記念行事に積極的だったのは、何より幕末福井藩が藩主松平慶永（春嶽）や家臣の橋本左内・由利公正等の著名な人物を輩出し、立場はやや趣きを異にするものの、薩摩藩・長州藩などと並んで維新変革に優れた役割を果たしたことにある。

そして、この点で支えとなったのは、戦後の新たな幕末福井藩研究、とりわけ一九六〇年代後半以降の地元在住の故・三上一夫氏と、今一人一九八〇年代以降の高木不二氏の研究である。両氏の本格的な研究により幕末福井藩の学問的な解明が大きく進み、かつ中央政局の中に積極的に位置づけられたことで全国的にも関心が高まった。

三上氏は教職の傍ら福井藩政の研究に取り組み、幕末の藩政改革が橋本左内、次いで横井小楠の指導を得て大きな成果を挙げ、その自信を背景に松平慶永が公武合体論による、討幕でも佐幕でもない第三の和平路線に徹した意義を強調した〔三上一夫 一九九〇〕。高木氏は、橋本左内と横井小楠の間には明らかに相違面があることや財政が一貫して窮迫していたことを指摘し、かつ藩の制産方主導による殖産興業策の展開、それに慶応二年（一八六六）に福井藩が薩摩藩と交易協定を結んだことなど多くの知見や論点を明らかにした。しかもその上で藩は西南雄藩と同じく自立した一藩富国強兵路線を取り、その立場から維新変革に臨んだと論じている〔高木不二 二〇〇九〕。

このように両氏の研究は幕末福井藩の藩政を確認した上で、慶永を中心とする藩の中央政局との関わり方や役割を論じており、とりわけ高木氏の研究は着実で説得力に富む。とは言え、両氏の関心はあくまで幕末福井藩を中央政局の中にどう位置づけるかに主眼を置いており、その限りでの藩政の理解であることは否めない。そして、この立場で改めて従来の研究を眺めるとき、すでに多彩かつ相当量の蓄積はあるものの、幕末福井藩自体の解明、あるいは福井藩自身がどのような発展を遂げ、どのように近代への道を歩み始めたのかについては判然としないことに気付く。

本書はこのような観点から、幕末福井藩の全体像を確認することを目標とし、政治はもちろん経済や社会、及び領民を含む藩政全体と維新変革との関わりをまとめたものである。なお、執筆にあたっては次のことに留意した。

①本書は序章と第一章～第四章で構成している。タイトルに即せば天保期（一八三〇～四四）以降を扱うべきだが、紙幅の関係もあり弘化・嘉永期（一八四四～五四）までを序章とし、簡略な扱いとした。

②本書の終わりを明治四年（一八七一）の廃藩置県に置き、それを目処に筆を擱いた。

③第二章にもっとも多くのページを割いた。殖産興業策が本書の重要な柱になると考えたからである。

④通史的な展開を目指したが、一般に周知の所は簡潔に扱い、そうでない部分にページを多く割いた。

⑤本書に関わる研究書や論文では、多くが福井藩三二万石を越前藩と呼称している。しかし、本書では福井藩で一貫させた。越前藩と称することは、越前内に存在した他の譜代諸藩等（大野藩四万石・勝山藩二万二七七七石・丸岡藩五万石・鯖江藩五万石ほか）を無視し、却って福井藩の理解を誤らせると考えるからである。

⑥本書には序章から第四章のほか、五人の研究者による小テーマによる論考が加わっており、本書のタイトルはこれらを含めてのものである。ただし執筆者の立場を尊重し、特別の場合を除き統一を図ることはしなかった。

# 序章　天保〜嘉永期の福井藩

写真１　松平慶永（春嶽）

**慶永の襲封**　松平慶永は、文政一一年（一八二八）九月二日、御三卿田安斉匡の八男に生まれた。一一歳となった天保九年（一八三八）九月四日、将軍家慶の命を受け親藩である福井藩主松平斉善の養子となり、同年一〇月二〇日に家督を相続、家慶の一字を拝領して慶永と称した。ちなみに実父斉匡は同じ御三卿一橋家の出、一一代将軍家斉は伯父、前藩主で養父の斉善は将軍家慶の弟で、共に慶永の従兄にあたる。また慶永の兄の一人はやはり御三卿の一橋家を継ぎ、弟の一人は尾張徳川家当主となった。他に縁戚関係をもつ有力大名も多く、大変恵まれた環境であった。しかも資質豊かで知的好奇心旺盛であったから、成長とともに外国の文物・思想にも臆せず目を向けていった。

慶永が福井藩主を相続した当時、藩内の綱紀は弛み、藩経済は破綻寸前にあった。そのため心ある家臣たちは慶永の訓育に熱情を注ぎ、藩勢の挽回に期待をかけた。中心となったのは慶永養子の際、御用掛りとなった上級家臣で寄合席の中根雪江（靱負）である。かれは漢学・国学に造詣が深く、当初から慶永の出自とそれに加えた才能と品格に感銘を受け、側近として藩政・国政にも深く関わった。若い慶永の薫陶には、中級家臣の浅井八百里（政昭）と上級末の鈴木主税の存在も大きかった。共に藩政に強い危機感をもち、特に浅井は仁政に基づく理想的君主像を掲げて厳格に意見し、後年慶永も、政昭こそ自分を名君にすべく心を砕いた「巨魁」と称えた（『春嶽全集一』「真雪草紙」）。鈴木は寺社町奉行や側向頭取・金津奉行等の要職に就き、大奥改革や藩校明道館の設立にも関わった。学問・思想面にも秀で、水戸藩藤田東湖たちとも交わった。他にも多数の人物が輩出するが、慶永の成長にかれら三人の存在は格別のものがあった。

藩主となった慶永は期待に違わず勉学・武術に励み、藩政にも関心を向けた。参勤交代で二度目の帰国を果たした弘化元年（一八四四）、直面する課題に自らも取り組み始める。最大の課題であった財政再建に指示を出し、村方には「勧諭大旨」と題した諭告を与え、万民救済を説諭している（『慶永家譜』）。同三年閏五月一一日、家督相続以来頼りにしてきた家老岡部左膳を私生活の乱れを理由に罷免した。その後目付三人の交替を命じ、一時家中から批判があって外していた中根雪江を側向頭取に任命するなど、重要人事にも直接関わるようになる。勉学面でも自信をもち、側近たちとの「輪講」では浅井八百里に代わって講師を務めることもあるほどであった。次第に仁君を意識し、自立した青年君主として君臨するようになっていった（『春嶽全集四』「政暇日記」）。

**財政窮迫と藩札整理**　慶永襲封時の福井藩は、九〇万両にも及ぶ莫大な借財を抱えていた。そこで天保一一年（一八四〇）、家老岡部左膳は中根雪江などと相談し、放漫政治を牛耳ってきた家老松平主馬を罷免し、同年末までかかって財政方や札所関係の人事を刷新する一方、中老天方孫八を勝手御用掛りに任じた。

早急に対策が必要だったのは当時領内外に広がっていた藩札問題である。天保飢饉以来多大の札所備金が流出して、藩札相場が大幅に下落し、福井藩札を利用する周辺他領、特に幕府領役所のある本保村（越前市）周辺の百姓たちが騒いだからである。管轄する飛騨高山郡代大井帯刀は幕府へ指示を仰ぎ、正月一五日に老中水野忠邦から厳しい達書が届いていた。家老以下色を失ったが、追い打ちをかけて八月二五・二六の両日、同地域の百姓たちが大勢で藩の札所へ押し寄せ、また別に同領村々惣代二人が江戸へ駕籠訴を行い、藩当局をあわてさせた（『福井県史5』二一一〇）。

そこで藩は一二年正月、三国湊の豪商三国与之助と札所元締たちに解決の趣法を講じるよう求め、四月に家中と町・在へ対し以後一〇年間にわたる倹約と趣法上納銀調達を命じ、過分の藩札整理に乗り出した。一四年には更に思い切った策に出た。慶永の初入国を待ち、新藩主の権威を借りて三国湊の豪商三国氏と同内田氏に各五万両、他に二〇人の札所元締に各三〇〇〇両、計一六万両を調達する計画を立てた（『奉答紀事』）。一六万両とは翌年の常用藩収入が一〇万八六三八両であり、それがいかに高額か推測できよう（『福井市史5』二二八）。ともあれ、必死の決意で臨み、ようやく弘化三年（一八四六）に両替は通常の一両＝六五匁に落ち着いた。一安心だが、莫大な借財は手つかずのままである。財政運営はなお茨の道であった。

**勧農方と民政**　嘉永期（一八四八〜五四）に入ると青年君主慶永の姿勢はより明確になる。二年正月二八日、本多飛騨・松平主馬（前主馬の息）・本多修理の三人を一度に家老に任命した。かれらは朱子学を学んだ三〇歳未満の壮年で（『奉答紀事』）、以後長く慶永を支え藩政を運営することになる。

かくして次々と課題や政策が提起されるようになった。農政では二年正月一五日、御奉行（財政の統括責任者）直属の勧農方が設置された。実務担当の役人二人を任命して、村方の田畑や耕作者の実状を調査・報告させ、荒田畑の再開発など生産力向上に力を入れるのがねらいである。直後の二〇日、これまで五〇年余り積み上げてきた農村の産物趣法を「国益」にならず、却って「下々迷惑」だとして中止した（『慶永家譜』）。菜種や生糸・麻糸・綿糸及びそれらの織物類、その他の特産物を専売制とし、商人たちからの運上金・冥加金徴収に力を入れてきたが〔福井市史 二〇〇八〕、これを改め今度は水稲耕作中心の農村再建、復古的農本主義ともいうべき施策である。

三年には民政・財政の抜擢人事を行った。七月に御膳番勝木十蔵を郡奉行、九月に目付長谷部甚平を御奉行に任じたことである。二人は中級武士ながら共に期待された通り活躍し、財政と民政は「遂に弊風を一洗」したという。なお、勝木は同六年に御奉行となり、跡を大井弥十郎が継いだが、三人共それぞれ下級役人の実務分まで「因習」にとらわれず掌握し、成果を挙げていった（『奉答紀事』）。

**海防の強化**　ところで、慶永が福井藩松平家を継いだ頃、西洋列強の日本近海への出没・接近が相継ぎ、とりわけ天保一五年（一八四四）オランダ国王から開国を勧告する書簡が届いて以後騒がしくなった。それでも福井藩が海防強化に具体的に動き出したのは四年に入ってからである。同年江戸在勤の御奉行西尾源太左衛門父子等を幕府高島流下曾根金三郎へ入門させ、砲術や銃陣調練を伝習させた。翌嘉永元年（一八四八）には江戸の洋式大砲鋳造師を福井へ招き製造を始める。二年六月、幕府へ坂井郡泥原新保浦への砲台築造を願い出、完成後の翌三年九月二一日、慶永も見分に訪れた。同年一二月には藩砲術師に御家流砲術制定を伝え、射撃法を洋式に統一する。洋式の大砲鋳造では大野藩がすでに弘化二年に試みており、福井藩は兵制を含め同藩よりかなり遅れたが、財政に苦慮しつつ取り組んだのである。

ただし、洋式銃砲の製造や同兵制の採用には蘭学の知識が欠かせない。だが、藩内には五年に大坂での蘭方医修行から帰った橋本左内と、他にはオランダ文典を読み始めた江戸詰奥医師半井仲庵や町医の笠原白翁（良策）がいるのみだった。そこで藩は嘉永三年一一月に広島藩出身の医師で蘭学者の市川斎宮を、更に六年九月には越中高岡出身の蘭方医坪井信良を、共に洋書翻訳や洋学指導のため召し抱えた。こうした中、六年一一月に大砲御製造掛り、翌年一〇月には大小銃幷(ならびに)弾薬御製造掛りを数名ずつ任命し、間もなく製造方(せいぞうかた)と呼ぶ銃砲・火薬製造専門の役所が動き始めた。

**ペリー来航と福井藩**　嘉永六年六月三日、アメリカ東インド艦隊司令長官ペリー率いる艦艇四隻の浦賀(うらが)来航が国内に与えた衝撃は大きかった。幕府はその威力に押されアメリカ大統領の国書を受理するが、通商の締結と燃料・食料の補給、遭難者救助を求めており、鎖国(さこく)政策の根幹に触れる危機だった。

開明的な幕府主席老中阿部正弘(あべまさひろ)は事の重大さに慎重を期し、要求受諾の可否について朝廷はじめ大名から幕臣、庶民にまで意見を求めた。福井城内でも七月一〇日から「衆議」を行い（『奉答紀事』）、江戸の藩主慶永はその意見書を含めて検討、八月六日、藩としての「答書」を幕府へ提出した（『春嶽全集二』「慶永公建白書類　四」）。趣旨はアメリカが「神国(しんこく)」日本を「兵威(へいい)」をもって交易を迫るのは許し難く、江戸を戦場にしてでも断固拒否する覚悟をもち、来年のペリー再来までに国内体制を固めるべしとの、大名の中でも数少ない必戦論である。だが幕府はアメリカの要求を見極めて戦争を回避し、日米和親(にちべいわしん)条約締結に至ったことは周知の通りである。

意気盛んな藩主慶永や藩家臣団は落胆したが、同時に多くのことを経験し学んだ。一つは大砲・軍艦の威力を知り、歴然たる彼我の軍事力の差を実感したことである。アメリカ艦隊に対し福井藩は幕府の指示で江戸の入口に当たる品川宿(しながわじゅく)背後の御殿山(ごてんやま)に陣を構え、総勢約七〇〇人の軍勢が五組に分かれて備えた。翌年の再来航のときもほぼ同じ体勢である。だが、それがアメリカ艦隊に対しては通用しないことは明白であった。その後藩は全力を挙げ洋式武器と兵制の導入・整備に向かうことになる。

二つ目は弱体な幕府支配を知り、賢明で強力な指導者の必要を実感したことである。幕府は戦争の危機回避に努めるだけで、和親条約が締結されると途端に安心し、次に来ると予想されるより強力な開国・交易要求に備える姿勢に乏しかった。そこで慶永は、目下の課題は真に対外危機を自覚し幕府を正しく牽引できるリーダー（「総督」）の存在であり、加えて全国の大名兵力を動員し、国内一致して国難に対処するためには参勤交代を緩和し、その余力を軍事力強化に向けさせるべきだと考えた。慶永はこのときすでに「総督」として一橋慶喜を念頭に置いており（『昨夢紀事』）、これは後の一橋派の将軍継嗣運動につながる。

三つ目は慶永と開明的な有力大名たちとの連携である。元来、将軍家に繋がる御三家や御三卿、及び外様大名は幕府役職に就けず、それ故家門筆頭の福井藩主松平氏も幕政に直接参画することはなかった。ところが列強による国家的危機を前にして、慶永は大名の家格や身分の違いを超えて有志大名や幕臣たちと協力する体制の必要を痛感する。前水戸藩主徳川斉昭、備後福山藩主で縁戚でもある老中首座阿部正弘、また外様大名で西南雄藩の薩摩島津斉彬や伊予宇和島伊達宗城、土佐山内豊信、更に正妻勇姫実父の熊本細川斉護などである。かれらとの連携はその後出入があるものの広がり、かつ緊密さを増して慶永の政治運動の力となった。

**人的ネットワークの広がり**　嘉永期（一八四八〜五四）は、人々の生活が天保飢饉の大災害から一程度立ち直り、その中で広がった様々な人的関係が時代を動かす基盤となり、維新の変革を準備した時代であった。前述の対外危機を契機とした開明的な大名間の連携はその典型例と言える。

それは一般の武士や庶民の世界でも具体的に確認することができる。福井藩の場合、朱子学者吉田東篁（悌蔵）とかれの学問思想に関わる人的広がりが良い例である。東篁は土居奉行の下役という軽輩であった。だが儒学を志して藩儒の教えを受けた後、京都に出て山崎闇斎を祖とする崎門の学統を学んだ。帰国して私塾を開くと、大義名分論に立つ実践的な学問はたちまち評判となり、家老から下級武士や陪臣に至るまでこぞって入門した。その後の藩政改革や藩主の政治活動に活躍した家臣のほとんどは東篁の門人だったと伝える。ペリー来航のとき、かれは江戸へ上って水戸藩藤田東湖などと意見を交わし、その後京に入って尊王攘夷論者梅田雲浜とも交流した。雲浜との関係は弟子の三寺三作が嘉永二年に浅井八百里の指示で真の儒者探しを命じられ、京で会ったことがきっかけであった。このとき三寺は雲浜に奨められて熊本に赴き、おかげで横井小楠と面会した。その後小楠が嘉永四年に上国遊歴の旅に出て京で雲浜に会い、そこにいた東篁の弟岡田準介に伴われて福井を訪れ、東篁やかれの門人たちとも親しく交わった。後の福井藩による小楠招聘はここから始まる。東篁の学問が藩内に昂揚する空気を起こし、藩主慶永も認めて小楠を招いて藩政改革を成功させ、中央の政治運動へと発展するのである。東篁が形成した一門（田門という）の繋がり、及び江戸・京・熊本等を結ぶ崎門学有志のネットワークがこの結果を生んだと言える〔高木不二 二〇〇五〕。

**笠原白翁と種痘**　医学の分野では町医笠原白翁による種痘を通して広がった藩医や町医、それに他藩医師等との繋がり・連携がある。かれは嘉永二年、京都で学んだ種痘を苦労の末福井城下で実施し、それは各地オランダ医学のネットワークを通して福井のみならず北陸地域にまで広がった。もっとも、これには藩が意義を認め、同四年、藩営除痘館を設けて目付一人を種痘担当とし、藩医四〇人、町医三四人、計七四人に上る医師を動員して協力させたことも大きかった。藩医は国元在住のほぼ全員、町医は全体の約六割に上ったという〔柳沢芙美子 二〇一九〕。批判や対立もあったはずだが、とにかく身分や専門の異なる医師たちが同じ館で分担して作業し、その後の天然痘予防の定着につながったわけで、医学の分野ではそのような連携・協力ができる基盤が生まれていたことになる。

**越知山開運講**　今一つ、白山信仰発祥と関わる丹生郡越知山大谷寺（越前町）と領民、地域社会との関係に触れておきたい。越知山信仰は江戸初期以来福井藩主の尊崇を得て、家臣団・領民はもとより越前一帯で信仰が厚かった。ところが嘉永三年一二月一一日、別当大谷寺が火災により焼失したため、翌年六月、福井藩札所札元の駒屋善右衛門を中心に、城下の豪商七人が発起世話方となり、堂社再建の勧進を計画した。奉加は順調で、同六年までに銀四一貫七

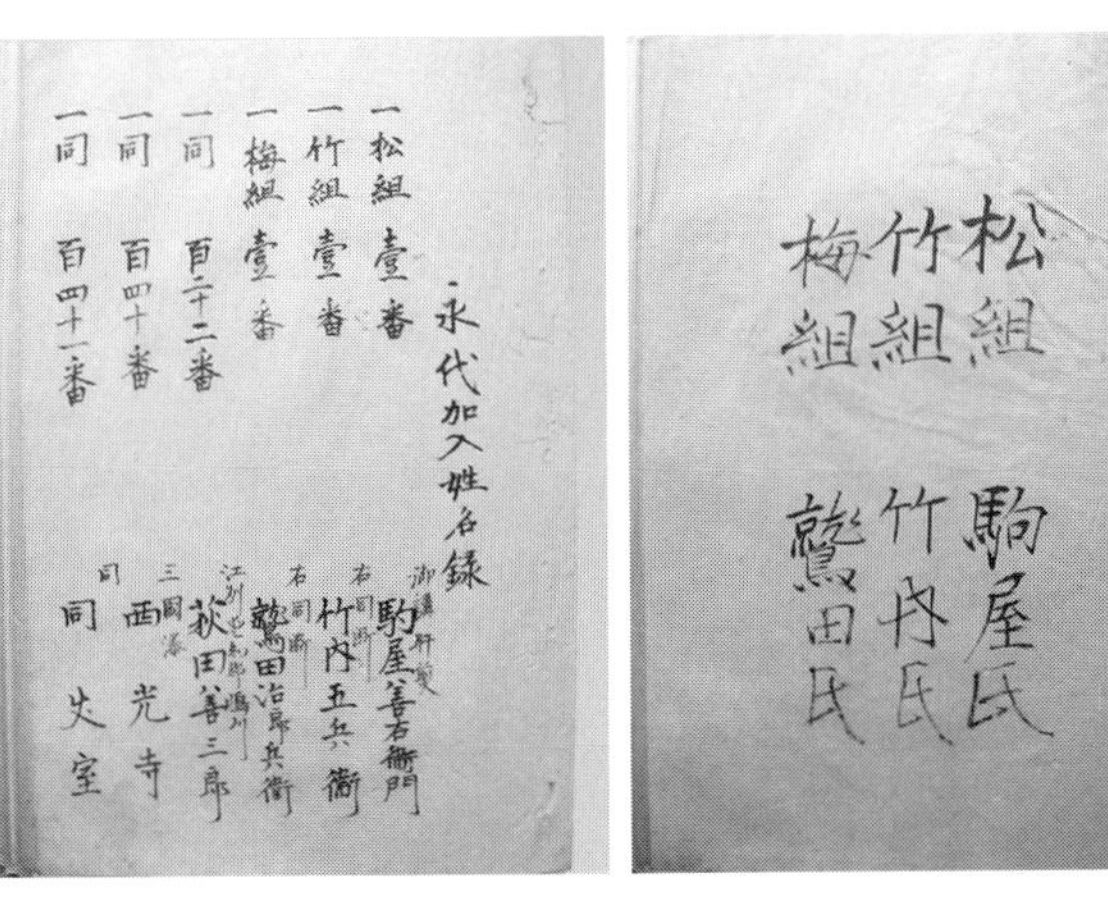


**写真2　開運講永代加入姓名録**

〇〇匁余と金一二両二歩を集め、おかげで再建が進んだ。注目したいのは、奉加人数が八九一人（村・組なども一人扱い）にも上り、その範囲が敦賀郡を除く越前一帯から江戸や京・大坂の福井藩関係商人たちにまで及んだことである。しかも口数・金額は駒屋氏を別格とし、城下や三国の豪商たちが多いものの、福井藩八二人、丸岡藩一六六人の武士のほか、各地の百姓・町人に至るまで参加し、所領や地域、身分・階層の区別もなかった（『堂社再建帖』）。

そして、この奉加は安政四年（一八五七）に越知山開運講を結ぶことにつながった。先の七人のうち駒屋氏など三人が肝煎となって立ち上げ、元治元年（一八六四）には永代講の加入募集に変わったが、その人数は明治期まで含めて四九九人を数える。応募者の身分・階層や地域的分布は嘉永四年奉加の場合と大差がない。ただし時期を反映し、ここでは嘉永四年の奉加から参加している京の香具商熊谷久右衛門に加え、大津の藩御用達矢嶋藤五郎、それに慶応二年（一八六六）に成立した薩摩藩と福井藩の交易に関わる薩摩藩御用商人等の名も見える（『開運講資料』）。いずれにしろ、越知山信仰を仲立ちに、福井藩財政に特別の役割を占める駒屋氏以下、福井城下から越前一帯、更には関係ある全国各地の商人など、広汎な人的繋がりができていたことになる。幕末福井藩は、以上のような人的結合やネットワークを基盤に展開されるのである。

# 第一章　安政の藩政改革と将軍継嗣運動

## 一　橋本左内と安政四年藩政改革

**橋本左内の帰国**　橋本左内（綱紀、景岳は号）は天保五年（一八三四）藩奥外科医彦也の長男に生まれた。漢学を学んで早くから英才の誉れ高く、嘉永元年（一八四八）満一四歳で自己への戒め「啓発録」を書き、翌年から大坂緒方洪庵の適塾に入門しオランダ医学を学んだ。五年一一月、父の死去で帰国し家督を相続、翌年江戸遊学を許され、一時帰国を挟んで安政三年（一八五六）まで江戸に滞在した。再上府の際家業御免となり、「学文修行」を名目に蘭学から洋学全般、それに社会や政治にまで関心を広げることができ、水戸藩藤田東湖など外部の学者や有志たちとも交流する有意義な毎日だった。

この頃左内は蘭学を通して得た合理的思考法が身についてきたようだ。そのことは物事や社会を見る基準として「時勢・人情」を挙げ、儒学者の観念的な理論や権威主義的発想を批判するようになったことで窺える。その立場から、先学の蘭方医で種痘の開拓者笠原白翁や師と仰いできた儒学者吉田東篁に対しても容赦しなかった。例えば白翁については、かれが三年四月当時、オランダ語辞書の翻刻を計画したことに対し、「凡そ物ヲ為スニハ時勢人情ト申す者を斟酌」すべきで、今は全くその時ではないと批判し（『景岳全集』七四）、東篁については帰国後の同年一二月一七日、藩主が参加する「大学序」の会読に、よくよく工夫を重ね「儒生之腐談」と「蔑視」されないようにと注意している（『同』一〇三）。左内はすでに学問から藩内の諸問題に至るまで、独自の批判的な観点で対処できる立脚点をもち、少年期から天下の「志士」を夢見てきたが、その準備は整ってきたと言える〔山口宗之 一九八五〕。

そんな左内に安政三年四月二一日、国元の中根雪江から帰国を求める書状が届いた。実は、前年六月二四日、時代の変化に対応できる人材の育成を図るべく、家老以下藩挙げて協力し藩校明道館を開設したが、この度、藩主慶永が在番で帰国してみると、何らその成果は見えなかった。そこでこれを立て直すべく左内が呼ばれたのである。かれはやむなく六月一三日に帰藩した。すると一か月後の七月一七日、明道館講究師同様かつ蘭学科掛りに任じられた。しかも九月二四日には明道館幹事に格上げされて書院番組から御側支配となり、助教格扱いに昇進した。ただし改革が本格化したのは、年が改まった四年正月一五日、明道館御用掛りかつ学監に昇格してからである。宛行は一七人扶持に役扶持として一〇人扶持がついた。知行に直すと合せて約一五〇石にもなり、郡奉行などと並ぶ役人待遇である。もっとも、学監は、家老五人が参加する総教以下、準総教、参教に次ぐ役職で、御奉行長谷部甚平など八人（九人とも）が就き、左内はその最末席であった。だが、かれは臆せず自身の目指す明道館改革に一気に走り始める。

**学制の整備**　安政二年（一八五五）三月一五日、藩は明道館開学にあたり、「文武」は武士の「専務」であり政道の基本であるが、近年は「武事」を重視して学問に熱心でないため、「文武」とも「本旨」に基づいて励ませるためだとした（『慶永家譜』）。その趣旨は明道館が橋本左内に託されたことでより明瞭になった。三年に左内が「撰」したと伝える「明道館之記」（『景岳全集』一三九）である。

これは天保九年（一八三八）水戸藩藤田東湖撰の「弘道館記」の内容や記述法に似ており、これを参考にしたともいわれるが、近年の「洋警之急」をあげ、「政教一致・倫理整正」を掲げ、国家のあるべき方向「此道」の講究をうたう内容である。ただし、左内が目指したのは、それを観念的に受けとめるのではなく、実質的に意義ある成果を挙げることだった。明道館は藩主慶永の意向にそい、「政教一致・文武不岐」を「標準」に設立されたものであり、藩主の「大願」を成就する実学の精神に立ち、「有用の大材」の確保を目指すのである（『同』一四三）。

もっとも、明道館への期待はもっと壮大なものだった。二年前藩召し抱えとなった蘭方医坪井信良は、故郷高岡への書状に次のように書いている（『風雲通信』五一）。

何分容易ならざる大業故、如何これ有るべきや。漢・蘭文武諸芸、凡ソ御国益ニ関リ申し候事ハ何ニても稽古出来申すべく様ニ仕り度心組、

藩は明道館を今後の出発点とし、藩全般の諸改革に乗り出していく意気込みであったのである。

そこで明道館の当初の組織や陣容だが、これを開館式の藩関係出席者でみると、家老以下祐筆まで含めて五三人、教官陣は教授並びに助教四人、講究師一四人、幼儀師四人、外塾句読師一一人の三三人、他に掛り役人四人であった。対して生徒は、開館当時は士分で一五歳以上とされ、六月二五・二六日の二日間に講釈を受講したのが一四二五人、またその後三日間に外塾書生として入学したのが三八二人、計一八〇七人であった（『福井市史9』一〇）。

ところが、左内により改革された後の安政四年（一八五七）一〇月段階ではかなり異なる数字になった。管理統括関係は、総教に家老五人、准総教が高知席四人、参教は中根雪江など三人の側用人、学監は御奉行長谷部甚平と目付六人及び左内とで構成され、計二〇人である。家老以下の財政担当と目付、それに左内という構成で、責任体制と管理運営に重点を置き、教育そのものは左内に全面的に依存した恰好である。教官陣は教授一人、助教二人、幹事一人で、一般の教官は助訓導師・助蒙養師・学諭・外塾師・句読師・助句読師をまとめて三四人、更に外塾師見習など二三人、及び新規に設けられた兵科と兵科局詰・算術科・洋書科・物産科二五人の計八六人であった。役職・教科が

細分されて人数も大幅に増え、当初とは見違えるほど充実した人的構成である。生徒数も大きく変化した。考課による進級制度で伝習生・敬業生・弁志生・登学生と分けられたが、その全生徒は二一七人に過ぎない（『景岳全集』一四六）。人数を精選し、学力に応じ厳正に教育を施すことを重視するように改めたためと思われる。初等教育は民間の外塾を指定して多くの生徒を任せ、明道館では中・高等教育、専門教育に重点を置き、当面する課題に対処できる人材の育成・確保に全力を挙げたのである。

**洋書習学所**　安政二年（一八五五）明道館が開設されたとき蘭学を学ぶ蘭書科が設けられた。ところが翌年江戸から戻った橋本左内は、すでに西洋科学技術全般へと目を向けており、明道館内に洋書習学所（洋学所）を設けることを提案した。設立の趣旨は、同四年四月一二日に側用人から教授に渡した「書付」（『福井市史9』一〇）で次のように説明した。近年西洋諸国は戦争を通して兵学、器械製造、物産の開発、及び測量術・算術などの「学術技芸」を発達させている。故にその「長技」を取り入れることが必要で、それらの研究が急務である、と。ただし、「新奇」をてらい学び方を誤れば「皇国を軽卑」することになると注意し、技術を学ぶのみと厳しく戒めた。教官は医学所に席を置く坪井信良が手すきに同所に詰めて教導の任に当たり、藩医の益田（真下）宗三が洋学句読師定詰、同じく岡部養竹が洋学句読師、それに宮永良丹倅欽也・魚住順道倅順方も同じく句読師として直接の指導に携わった。

こうして新規に洋学所がスタートした。兵科や物産科など他学科から学びに来る者もあり、期待は大きかったと思われる。だが生徒を厳選したためか当初から受講者は少なかった。医学所で教えていた教官は間もなく明道館に引き揚げ、原書を読む生徒は明道館で学ぶことになる。それに坪井は同年四月二五日には藩主の江戸参勤で出府し、左内も八月七日に呼ばれて江戸へと発ってしまった。結局一〇月一六日、洋学所は当分医学所付属とし、希望者にはむしろ江戸遊学を勧めることになった。

**兵科と算術科の新設**　橋本左内は西洋技術の習得や現実の支配に役立つ実用の学を重視し、新規に兵科・算術科（算科）・洋書科・物産科等を設けていった。ただし兵科は安政三年（一八五六）一一月三日には美濃部金弥など三人が兵科掛りに任じられており、その頃には成立していたかもしれない。四年二月二九日には前月に製造方頭取に取り立てられた三岡石五郎（後八郎、由利公正）が同じく兵科掛りとして明道館へ詰めるよう命じられており、四月に入ると兵科局が組織される（『福井市史9』一〇）。一一月には大砲科も設定され、こちらは海福孫八（瀬左衛門）が頭取に就いた。また同月には軍艦方も設けられ研究が始まった。

算術科の設置は閏五月一八日で、これにも力を入れた。数学は人間生活に必須の一科目で、平時には民生を支える基となり、あるいは税を無駄なく公平に課したり、政府の歳入・歳出の計画を立てるのに役立つ。加えて戦時には城や砦を築いたり、軍の隊列、食糧の分配、兵器の製造、それに大砲等の射撃距離や高低を測る、などとその実用的・軍事的効用を強調した。人事面は、これより先の二月二九日、すでに村田理右衛門を算術掛り専任とし、かれを中心に学科の設立を図った。四月一三日には勘定方小算役二人と組の者一人、及び城下の町人二人にも研究や御用を務めるよう申し渡し、更に財政関係者にも手すきに研究に来るよう伝えている。その結果、一〇月に同科内に測量師・乗除師・開方師の専門役が生まれ、一二月には学力に従い加減生・乗除生・開方生・見題・隠題・伏題の各クラスができた。一二月には希望する町人・百姓にも入学を許すとした（同）。

左内は専門とする医師の教育にも力を入れた。専ら仁愛を旨とし、家業に溺れず広く講習し学術修行を行うべしとし、厳しく修行課程を定めている。四年二月一五日に出された「書付」（『慶永家譜』）によると、八歳で明道館に入学して「学文修行」に入り、一三歳から済世館で医学研究を始めるが、そこで漢学の基本である「小学・四書五経」等の素読が一定の段階に達したら、ようやく「解体新書」の素読にかかり、これを初級として以後進級する規定であった。毎月の集会「稽症会」に詰めて教授たちの指導を仰ぎ、また毎年末、奥医師以下町在の医師まですべて年間の療治者の姓名を報告するよう義務づけてもいる。

**惣武芸所**　明道館では他にも様々な改革や施設の充実があった。中でも注目されるのは藩内各流派の武芸所を明道館に一集させたことである。明道館敷地内に新しく惣武芸所を設け、文字通り「文武一致」「文武不岐」に違わないことを目指し、かつ対外危機に対応した実用的な訓練を行うこととした。安政四年（一八五七）九月初めに施設の普請が完成し、早速訓練が始まった。伝統の武芸とともに「御家流」に基づく洋式の銃砲使用や兵制訓練を重視し、家老以下、当主から子弟・陪臣に至るまで細かい規定を設けて訓練に励ませた。家格・知行高の高い者ほど出席日数を多くし、しかも武芸所経費を家中全員に知行や扶持に応じて割り当てたから批判も出たが、それを上回って士気は高まったようである。剣術では新たに長剣も用いるなど武芸各派の流儀や伝統の枠を超えた訓練を奨励し、他藩・他国修行者の入門や他流試合、更に希望者には他国修行も認めた（松平文庫七四二）。

ところが、明道館の改革と充実に没頭していた橋本左内は、江戸の藩主慶永から呼び出され、八月七日、堤五市郎など修業生五人を伴い出府してしまう。後事を託されたのは村田巳三郎（氏寿）だった。かれは早くに文武に頭角を現し、四年正月二八日に慶永の文事御相手となり、五月に明道館幹事、七月二〇日には左内留守中の御用取扱を命じられて惣武芸所も任された。

**松岡町と粟田部村の外塾**　藩校明道館が改革され充実していく中、民間にも教育熱が高まっていた。町人や百姓たちは一八世紀に入る頃から寺子屋や塾などで生活に必要な読み・書き・そろばんを自主的に学ぶようになってきたが、幕末期には時代の変化に併せ高い教育を求める動きが出てきたのである。

吉田郡松岡町（元松岡藩城下町域。郷帳では室村等三か村に分かれる）は安政四年（一八五七）四月二一日、新たに町内に学問所を建設するので、これを外塾として認め教導師を派遣してほしいと藩へ申し出た。松岡八町惣代二人とこの地域を管轄する大庄屋が連署し、郡奉行に願い出たのである。町方の風俗の乱れを防止し、「産業之余力に学文を心懸」けたいという。同町は交通の便に恵まれ、近隣農村では麻糸や木綿生産が盛んで、在郷町として発展しつつあった。藩は要請を吟味し、これを外塾として許可することになる（『景岳全集』一四七）。

次に粟田部村の場合である。同村は天保九年（一八三八）の頃、すでに三七〇軒にも及ぶ大きな村であった。和紙産地の五箇地域に近く、近在からの生糸や麻類の取引で賑わい、こちらも在郷町の様相を呈して活気があった。教育熱も盛んで、村の塾には近郷を含め六〇人ほどが学んでいた。指導していたのは儒学者の三寺三作で、安政元年頃からここで教鞭を執っていた（『古文書選』福井市一二）。ところが、翌二年明道館定詰を命じられ福井へ帰ってしまった。驚いた粟田部村は三寺の指導を藩へ訴え、おかげで四年二月、塾が明道館外塾同様の扱いとなり指導に復帰する。だがその際明道館の教育方針に沿った指導が義務づけられた。「孝弟（悌）之道を修め、農桑之業に出精相勤め候て、往々礼譲の風に押し移り候」ように、即ち儒教道徳を守り農業に励むよう教え諭すことである。しかも別に「郷約」と称する農民として守るべき項目「十四則」が示され、それを毎月申し渡し周知徹底させることになった（『景岳全集』一四七）。教科書類も封建道徳を説くものを基本とし、農民としての生活や知識を学ぶ実務的なものに限定された。

このように藩は民衆の教育要求が高まる社会風潮を認めつつ、一方で粟田部村の例に明らかなように、かれらが安易に学ぶのを危険視した。空論に耽って過激な事を唱え、職分を忘れ、後日の弊害となることを恐れたのである。したがって、藩は民間の勝手な学校建設を認めなかった。同年五月、坂井郡波寄村の大庄屋杉田仙十郎が自己の所持地を利用して近隣農民対象の大きな学校を建設したところ、藩はこれを杉田の「ヲゴリ（驕り）」だとして大庄屋職を罷免し、蟄居（文久元年暮れまで）処分とする（家近良樹 二〇一五）。明道館教育は一般民衆を対象とせず、要求があって認める場合も、あくまで支配の範囲に止めるものであった。

**民政・財政の改革と統合**　安政四年（一八五七）の藩政改革は、明道館教育と並行して民政・財政の大幅な職制改革や支配の方法にも及んだ。要点は次の五つである（『福井市史5』一九一ほか）。

①金津奉行所の廃止
②領内三か所の郡奉行領と川北領を四人の郡奉行（一人は御奉行が兼任）で打込支配
③財政を統括する御奉行職の強化と札所の整理
④財政と民政の連携
⑤藩領支配と幕府預領支配の統一

①の金津奉行は北陸街道の要地である坂井郡金津町に常駐し、加賀筋への防禦と日本海交易の主要湊をもつ三国町を含む川北領（九頭竜川以北の坂井郡域に散在）の民政を管轄し、軍事と郡奉行の役割を併せ持つ重職であった。郡奉行は三人で、南から上領・中領・下領の三領を一領ずつ担当していた。かれらは中級武士から選ばれるのに対し、金津奉行は上級武士が就くのがふつうで、金津奉行はこの点でも重視されてきた〔舟澤茂樹二〇〇二〕。その職を廃し坂井郡の支配を他の郡奉行領と同じに改めたわけである。

②は御奉行勝木十蔵を郡奉行兼勤とし、三人の郡奉行と合同して全四領の支配を統一して行うようにする、これも思い切った改革であった。実はこれに先立つ一月二五日、藩は代官領に関わる改編を行っていた。福井藩領は全一四の代官領に分けられ一領一人の代官制であったが、これを隣接する二領ずつの七支配とし、二人の代官が相談しつつ任務を遂行するようにしたのである（『慶永家譜』）。それを踏まえ今度は上部の郡奉行支配も合同支配としたわけで、年貢収納を含め個別役所の恣意を排除し、領内支配の統一と安定を図ろうとした意欲的な改革といえる。

③の御奉行職の強化とは、当時御奉行が長谷部甚平と勝木十蔵、及び石原甚十郎の三人であったのを、新規に御奉行助、御奉行見習を付け、更に預所元締役を御奉行兼勤としたことなどを指す。札所については財政面で町・在の豪商・豪農に依頼していた札所頭取以下の元締を全員やめさせ、かれらの扶持米もすべて停止したこと（『福井市史7』二）、及び札所元締雇いの町手代一二人を半分の六人とし（『続片聾記』）、経費の削減を図ったりしたことなどをいう。財政の札所依存体制をここで断固断ち切ろうとしたのである。なお、④は②と同じで、財政と民政のトップが連携し一貫した支配を行うことが目標であり、⑤はそれを預所にも広げ、領内・地域の支配の安定を図るものであった。

結局、長年続いてきた民政・財政制度を大きく改めることになる。中でも①・④・⑤などは「御趣意ニ付」と伝え、また多くは藩主慶永が参勤交代に出発する前後から始まっている。いずれも慶永の了承を得、藩挙げて取り組んだことが明白である。四年一〇月一〇日付で家老本多修理は江戸の橋本左内への書状で、「文武とも此度は余程之大仕掛」、それに「司計・郡宰・製作局等」も大変な「御仕掛」と吹聴し、批判があっても耳に入るほどではなく、万事順調と書き送った（『景岳全集』二〇三）。「製作局」とは次節の銃砲等の大量生産を行う製造方役所のことだが、この分野を含め藩挙げての改革が展開されたのである。

## 二　銃砲の大量生産と洋式帆船の建造

**製造方の強化**　安政四年（一八五七）正月二一日、月番家老から側用人を通して製造方へ書付が渡された。要約すると次のような内容である（『福井市史6』一三〇三）。

近年西洋列強の来航が相次ぎ、大変深刻な時節である。それ故不慮の戦闘に備え、列国より先に必要な器械を製作し備えるため製造方を設けた。大小銃以下軍備に関わる道具類はすべて精工を尽くすべきで、万一にも欠陥があれば将卒の生死、国家の存亡にも関係することになるので規定を設け注意するように。

列強との戦争の危機が迫っているとして、大小銃などの洋式武器製造を督励する内容である。製造方はそのための部門として安政期に入って設立された組織で、元年に三岡石五郎・佐々木権六（長淳）・村田理右衛門等六人が大小銃幷弾薬御製造掛りを命じられたのが始まりと思われる。それが四年正月一八日、三岡と佐々木を製造方頭取に、村田理右衛門・加藤藤左衛門・中沢甚兵衛が製造方吟味役に任じられるや、一気に人員を増やし組織が整えられていった。同年末までには頭取以下、吟味役や一六人の見習い、財政担当を含む下役も揃う。

**志比口の銃器細工場**　製造方体制の整備充実を物語るのが城下東北の志比口に建設した銃砲の細工場である。これまでの銃砲製造所は城北・御泉水西側に接した所にあったが、手狭なため職人たちはそれぞれの仕事場で作業を行っていた。そこで安政四年（一八五七）三月五日、志比口にある家老本多修理の下屋敷を改め、ここに新工場を建設し、武器の大量生産を図ることにしたのである。敷地はこれまでの約三倍近い三二一七坪（約一万六三五平方メートル）あり、すぐ側を芝原用水が流れて水利の便にも恵まれていた（松平文庫九六六）。

四月二〇日、製造方役所は城下や在方の鉄砲職に対し、新細工場が完成すれば割渡すので、全職人そこで作業を行うよう申し渡した。以後は撃発銃など鉄砲類の自宅での取扱いを禁止するという（『福井市史6』一三一二）。五月二九日には鉄砲屋若林四郎右衛門など五人を鉄砲職世話役に任じており、職人たちも準備にかかったらしい（『福井市史7』二）。八月八日には「鉄砲張立台・鉄具繕等」すべて鉄砲職に関わることは勝手に扱わないよう命じ、九月からは町在の鉄砲職人は必ず「製造方細工場」で製作するよう、改めて通達した（『福井市史6』一三一三）。

かくして九月一日から新細工場で作業が始まった。ただし、未だ普請は完成せず本格的とはいかなかった。製造方

頭取の三岡石五郎が同年一〇月二三日付で江戸の橋本左内に送った書状（『景岳全集』二一八）に、

> 御製造役所、鉄砲製作も当時の処にては、日々一挺づゝは出来に相成り申し候、来年にては多数の出来相成るべき運びに御座候、

とある。正式の開所は一一月二六日のことで、その頃から作業が定着し始めたようだ（『同』二四七）。

施設は大規模で水車動力を用い、精巧な洋式銃を生産したと伝えるが、資料が残っておらず、稼働体制や生産した銃砲の品種・挺数などははっきりしない。ただし目指したところの一端は窺える。同じく製造方頭取の佐々木権六は左内宛の翌五年正月三日付の賀状に添え次のように書いた（『同』三〇一）。

> 当秋頃よりいよいよ志比口にては水車仕掛け、小銃錐入れ、螺釘車、鉄火門等悉く人力を省き製作致し度心積もりにて、専ら水車仕掛け、雛形類扱わせ候処、当節にては大方見込み相立ち安堵致し候、

佐々木の見込みでは、水車動力による機械仕掛けの作業は同年秋以降で、それからは螺旋筋を入れた洋式銃（ミニエール銃のことか）の大量生産も可能だと見ていたことがわかる。ただし、江戸の慶永はそれでは遅いと考えていた。三月二二日、幕府へ「爆発馬上銃」一五〇挺、それに爆発銃五〇〇挺をオランダへ注文したいと願い出ている（『奉答紀事』・『慶永家譜』）。もっとも、七月五日、藩主慶永が隠居謹慎となり軍事強化策はすべて停止となった。目立たない範囲での生産は続いたはずだが、復活は文久期（一八六一〜六四）以降である。

**松岡の火薬所**　松岡火薬所は福井藩製造方管轄の火薬製造所である。設立時期は不明だが、安政四年四月二七日に爆発が起きているので、遅くとも同年早くには施設が完成し、藩の武器製造計画に併せ火薬製造が始まったようだ。松岡は古くからの鋳物生産地として知られ、町の北側を西流する九頭竜川の少し上流から引いた芝原用水を利用できる便があった。担当の藩役人が出張し、藩抱え職人の焔硝屋半七も城下からここに移動、近隣出身の荒子（一本指の

雑用役）も作業に加わっていた。水車や臼場、瓦葺きの土蔵などの施設があったが、四月の爆発はその土蔵内の大砲の大玉が破裂したものらしい。

爆発はすさまじく、多くの死傷者が出た。死者は六人で、家臣五人と荒子一人、他に三人の荒子も死傷したらしく、内一人は行方不明という（『続片聾記』）。焼死した知行一五〇石の岩城豊太は五日前に製造方見習としてここへ配属されたばかり、雑用役で近在北野村出身の荒子猪衛はわが家まで逃げ帰り落命した。

轟音は福井城下にまで響き、橋本左内がいち早く駆け付けた。かれは現場に着くとただちに片付の指示などを与え、重病人の手当や死人の検分を行った。その際、製造方の役人たちを集め、この事業は「国家の御盛衰」にも関わるとして、めげずに奮発するよう励ましたという（『景岳全集』一一六）。藩内からこの事業に対する批判が出るのを避けるため、いち早く処置し事業の継続を図ったわけである。その結果、藩は二九日に再建を指示し（『慶永家譜』）、新規に「火薬製法振退」役三人を任命して作業にかからせ、翌年二月から製造作業が再開された。

だが、翌五年三月一一日、今度は火災が発生した。人的被害はなく、合薬小屋一か所を焼失したに過ぎなかったが、関係者に与えた影響は深刻で、藩内には批判が高まった。結局、原因調査等を理由にしばらく休止となり、頭取の三岡と佐々木は共に研究のため他国遊学を希望し、三岡は江戸へ向かうことになる（『景岳全集』四一六）。

その後「安政六己未年建」と記した石碑が「火薬局」の名で同地に建立された。四・五年の二度の火災と、四年の際に死去した六人の名を記し、その死は戦死に等しいと称えている（『激動と福井』9）。

なお、当火薬製造所についてはその後の資料が皆無に近く、一般には五年の火災を期に閉鎖されたと考えられてきた。しかし、同年の火災では三つの小屋のうち二つは残ったこと、それに文久三年（一八六三）には勝山藩がかなり多量の「黒焔」を同所と推定できる所から購入しており（『勝山市史四』乾一與家文書一）、更に福井藩が後の戊辰戦争で大量の弾丸を新政府に納めていることなどから推測するに、この火薬工場はその後再稼働され、明治初期まで継続したことが確かのようだ。

**一番丸の建造**　製造方が銃砲・火薬の大量生産に加え、今一つ行ったのは西洋型帆船の建造である。これを当初から研究・計画し、完成にこぎつけたのは製造方頭取の佐々木権六であった。かれは嘉永七年（安政元年、一八五四）正月、ペリー艦隊が再来航して日米和親条約が締結された頃に乗艦し、艦内の大砲を含むあちこちを写生し、慶永に届けたことがあった。以後西洋船図を集めて研究を重ね、藩として洋式帆船の建造に踏み切ったのである。

決まったのは安政四年七月に入ってのことである。作業所は三国湊に近接した坂井郡宿浦に設けられた。ここには船大工や鍛冶屋などの職人が多数居住し、資材の調達にも便利だった。幕府へは九月一〇日に届け出て許可されたが、それによれば船のオランダ名をコットルといい、規模は長さ一一間（約二〇メートル）に幅三間半、大砲を装備した軍艦にする予定であった（『慶永家譜』）。作業は順調に進み、村田巳三郎は一〇月、江戸の左内への書状で次のように伝えた（『景岳全集』一〇二）。

> 君沢形船造も甚だ都合よき趣き、重畳喜ぶべし。佐権（佐々木権六）精巧、是亦真に愛すべきなり。存外只今の所は手廻しも宜しき趣きに御座候。いよいよ来春に至り竣工の期もこれ有る上は、運用のことに及ぶべく候得ば、是等に付ても蝦（「夷」脱）地の事、万々究め置き度き事に存じ奉り候、

船は君沢型と呼ぶ洋式帆船で、佐々木が精巧に建造しており来春には完成予定と述べ、蝦夷行きの準備もしておきたいと胸をふくらませている。実際は翌安政五年半ば完成にこぎつけ、船名は一番丸と名付けられた。評議席で長谷部甚平が提案して了解され、以後二番、三番と建造予定だったという（『福井城今昔』巻一―三三）。

一番丸が訓練を兼ねて処女航海に出たのは六年四月二一日のことである（松平文庫一五九二）。下関から瀬戸内海を

通って大坂に向かい、その後六月一三日に無事江戸藩邸（中屋敷）のある霊岸島に着岸した。ここに隠居・謹慎中の春嶽（慶永）は内々妻の勇姫とともに見物している。一九日に藩主茂昭の見分を受け、翌日帰藩の途に着いた（同七〇五）。その後幾度も家臣や交易品を乗せて各地へ出航したが、ただし軍艦としての大砲の装備等には至らなかった。運航が確認できる最後は文久三年（一八六三）四月九日の長崎向け出帆である（「海中日記」越前史料）。

**安政期の財政**　安政元年（一八五四）の藩財政がおよそ三万両の赤字予想だったことは序章で触れた。そんな中で藩は列強との必戦を覚悟し、すべてに優先して軍備増強に取り組んだ。

資金調達には従来なら内外豪商たちからの借金や、領民への年貢増、御用金・調達金等の賦課を考えるが、いずれもすでに限界に近い状況に陥っており、家中・領民の多くが困窮・疲弊しきっている。そのため一一月、当年は平均免三ツ六厘六毛余ながら、家臣への渡し免は却って少し増やして三ツ一分とした。また二年八月には領民に対し、「当年無類の豊熟」見込みだとして奉行検見を行わず、かつその際は五厘加免するのが慣例としつつ、それも実施しないと触れる（『福井市史6』一二六四・一二七三）。したがって、藩当局は軍備増強費を別途非常の手段をもって各所から捻出するしかなかった。それも大きく頼ったのは元年に入って改めて布達された一〇年間の非常の「節倹」策であった。藩主の生活費に始まり、家中、領民に至るまで徹底して実施されるのである。

このような藩の方針は慶永の強い仁政意識に裏打ちされ、改革を志向する家臣たちの「節倹」策と相俟って意欲的に進められた。保守的な家老狛山城たちの批判、明道館における文武修行の強制と出費に家臣たちの不満の声も少なくなかったが、国家の危機を掲げての藩政改革に正面から反対する者は出なかった。御奉行長谷部甚平もある程度自信を持っていたようだ。江戸の橋本左内に宛てた五年正月三日付のかれの賀状には「会計場一年の計不思議に御都合能く、又々相応の御貯出来」と書き誇らしげであった。

それでは実際のところ安政改革期の藩財政の実状はどうだったのだろうか。ここでは安政五年の収支をまとめた表1によって確認しておこう。

これによれば同年の年貢収納とその他の収入の合計は金にして五万四四三二両、対する支出は六万七一二五両とある。差引一万二六九三両の赤字である。中心となるのが江戸経費だが、通常の年間入用（いりよう）二万六九七三両に加え、不時（ふじ）入用がそれを少し超える額である。安政元年の見積もりの際は、三万七四九一両三分に江戸と国元の不時入用が一万両余だったので（『福井市史5』二四〇）、その合計額と比較すると五年の場合は高く見て約七〇〇〇両の増加である。だが、これに関しては五年分の別の江戸入用明細（松平文庫八五一）では計四万三五五九両余となっている。しかもその四割近くは同年七月五日に慶永が隠居処分となって以後の出費であった。したがってこの臨時出費を除くと、全体としては以前からの「節倹」策がかなり功を奏したと言える。

表1　安政5年物成本帳高調（ものなりほんちょうたかしらべ）

| 収支 | 項目 | 金（両） |
|---|---|---|
| 収入 | 年貢収納 | 52,538 |
| | 表高上り物 | 1,894 |
| | （小計） | 54,432 |
| 支出 | 国入用 | 12,505 |
| | 江戸入用 | 26,973 |
| | 江戸不時入用備 | 27,647 |
| | （小計） | 67,125 |
| 差引 | | -12,693 |
| 〈借財関係〉 | | |
| 収入 | 借用代 | 11,625 |
| | 貯方上り物 | 8,584 |
| | （小計） | 20,209 |
| 支出 | 新借財元利元 | 5,900 |
| | 古借財 | 12,987 |
| | （小計） | 18,887 |
| 差引 | | 1,322 |

（注）「福井藩御量制ニ関スル諸書附」（松平文庫851）より作成。

なお、表1には借財関係についても記載があり、返済予定分は二万〇二〇九両で、実際の支出は一万八八八七両とある。実は表には示さなかったが、これには新借分六〇〇〇両近くを含んでおり、それでも予定分から差し引くと一三二二両が残ったことになる。前年五月、財政方改革の一環として借財方（しゃくざいかた）役所を廃止して「御積方（おつもりかた）」に任せたのだが、これも数字が示すように借財返済が一応予定通りに進んでいたからに違いない。

## 三　将軍継嗣運動と安政の大獄

**橋本左内、国事へ**　ペリー来航時、強硬な攘夷・必戦を唱えた藩主慶永は、日米和親条約締結後もその姿勢は変わらなかった。だが、幕府は目前の危機が去ったとして緊張を弛め、それは国内全体に広がっていった。もちろん幕府は今後を見据え列強に備えようとした。安政二年（一八五五）大砲製造を奨励し、大名・旗本に洋式銃陣訓練を命じ、また長崎に海軍伝習所を設立、翌年には江戸に蕃所調所を設けて西洋書の飜訳・出版にも力を入れるなど、西洋軍事技術の導入と武備強化に努める。だが慶永は、緊張感がなく見通しもないと不満だった。

慶永は二年一一月二八日、国元へ直書を送り、先月二日に発生した江戸大地震を挙げて、それより第一に恐るべきは「外寇」であり、今は何よりも「必戦必死之覚悟」が大事と、安逸を戒め士気を鼓舞した。翌月一三日付の薩摩藩主島津斉彬への書状でも同趣旨のことを述べた。併せて、近頃軍備強化には資金確保が必要で、それには外国交易を開き富国を図るべしとの論のようだが、それは戦争がないとの楽観論に等しく大変危険だと、同藩の交易策に疑問を呈した（『昨夢紀事』）。慶永はこの立場を固守し、現状を打破するには「建儲」、すなわち病弱の現将軍に代わる継嗣の決定が鍵であると、幕閣や有志大名たちにも折に触れて説得を続けた。やがて三年八月、下田に来航したアメリカ総領事ハリスは通商を要求し、しかも四年に入るとアメリカ大統領の国書を江戸城に登って将軍に渡すことを求めたから、幕府内外ともに俄然騒がしくなった。

慶永は同年五月一一日に参勤交代で江戸へ戻ると、直後から連日ハリスの件や将軍継嗣問題で幕閣や有志大名等と議論に明け暮れる毎日となった。ところが六月一七日に頼みの老中阿部正弘が病死し、幕閣を説得する見通しが立たなくなった。そこで急遽橋本左内を呼び寄せることにした。

左内が江戸の慶永側用人中根雪江から手紙を受け取ったのは七月初めである。それには阿部正弘死去を伝えて、「上にも御相談御相手御ほしほし」とある。藩政改革が軌道に乗り出した所だが、国事に関わるのは左内も望む所だっただろう（『景岳全集』一二三）。七月一一日、「文事之儀ニ付御用」の名目で出府を命じられ八月七日に福井を出立、二〇日に江戸に着くとただちに「侍読兼御用掛」扱いとされ、中根と連携し繁忙の日々が始まった。

**将軍継嗣運動**　橋本左内が江戸へ着いた当時、すでに幕府は国際的な慣例だと判断してハリスの登城やむなしとしており、その対応のためにも将軍継嗣が重要との空気が高まっていた。だが、とりあえず名代を立てる案から、早急に水戸斉昭七男一橋慶喜または紀伊徳川慶福のどちらかを立てる案、それにかつての松平定信の例に倣い、藩主慶永を幕閣の上席に立てて幕政を導く意見などが入り交じり、容易に見通しが立つ状況ではなかった。

写真３　橋本左内

左内は慶永の幕府内外に広がっている名声に感激し、全力を尽くす決意であった。藩邸では以前から家老以下側近入り交じり「書経」会読が月六回行われていたが、左内は新たに月三回「孟子」会読を行うようにする（『景岳全集』一六六）。「会読」とは「参加者が対等な関係を結んで「各自の読み」をもとに自由に競い合う場」といわれ、他の学問分野でも用いられていた勉強法であった

〔前田勉 二〇一二〕。

九月六日、慶永は幕府に対し鳥取藩主池田慶徳や阿波藩主蜂須賀斉裕など四大名と連名し、ハリス登城を機会に強力な兵制改革を実施し「戦闘必至之御覚悟」を示すよう建言したが、その案文は左内が書いた（『同』一七四）。一〇月に入りハリス問題が切迫してくると活動はいよいよ熱を帯びた。慶永は交流のある柳川（福岡県）・土佐・川越（埼玉県）・鳥取の四藩主と勉強会「大学」会読を始め、左内は「侍講」を命じられる。一六日、慶永は意を決し、懇意の蜂須賀斉裕と連署して、幕府に対し将軍継嗣候補として賢明・年長で人望ある一橋慶喜の名を挙げ、早急に継嗣を決定するよう建白した（『同』二〇七）。もちろん実父で御三家の水戸前藩主徳川斉昭や、有力外様大名の薩摩島津斉彬たちの一橋派と呼ばれた有志大名たちとも連携していた。そしてこの頃、橋本左内は積極的開国交易論を主張し、幕政組織の大変革も構想し始めていた。

**積極的開国論**　橋本左内がいつから確実に開国論、それも積極的開国論を唱えるようになったのかは明白ではない。しかしながら、江戸に着いて間もなく書いた村田巳三郎宛書状（『景岳全集』一六六）では、ハリスの件について、すでに和親条約が結ばれた以上、登城して将軍に国書を進呈するのは「万国普通之法」であって当然とし、今や国書の内容を推測し対応策を講じるべきとの立場に立っていた。

実際、左内はその考えで動き出す。九月一二日の村田宛書状（『同』一八一）では、事ここに至ったからには受身に対応するのではなく、むしろ交易や兵制改革等はアメリカ国書を待たずに当方から提案するべきと、積極的開国論を主張するようになっていた。そのためにも目下の急務は「建儲」であり、具体的な提案をするべく「種々術計ヲ尽」していると村田に語るのである。

さて、ハリスが登城したのは一〇月二一日のことである。左内はその日のかれの堂々たる応対振りを聞くや「外国人ながら実に感服之至」りと感動し、翻ってそんなかれを夷人としか見ないのは「何等之迂人俗客か」と批判した。こうして対外観は一挙に確信へと固まっていった。断然鎖国を改め「世界万国と有無相通じ」、その上で日本の素晴らしさも外国に伝えるべきと、国内改革に目を向ける。「仁義之道、忠孝之教は吾より開き、器技之工、芸術之精は彼より取り候」と述べ、科学技術などは堂々と西洋に学べばよいと割り切るのである（『同』二一一）。

藩主慶永もそれまでの鎖国攘夷論を完全に捨て、積極的開国論に大きく転換した。幕府は各大名にハリスの「申立の趣」と「対話書」を渡して意見を求めたが、それに対し慶永は一一月二六日、一五か条にまとめて意見を具申した。「方今の形勢、鎖国致すべからざる義は具眼の者瞭然」とし、鎖国制度の撤廃に始まり、外国との積極交易による富国強兵策、かつ「近傍之小邦を兼併」してヨーロッパ諸国と並び立とうとするアジア進出策などである（『同』二四九）。なお、これらの論は翌月に慶永が幕府へ提出したアメリカとの外交一件に関する「答申書」（『同』二八七）で詳細に語られるが、当然ながら左内の意見が濃く反映されたものだった。

初め慶永や左内が問題にしたのは、世界で覇権を争っている列強に日本がどのように対応し、独立を保つかという受身の論であった。だが、ハリス登城後の左内はそれを越えて日本が世界に進出し、いかに日本の存在を誇示できるかという積極的な面を含めるようになった。そのことをよく示すのが安政四年（一八五七）一一月二八日付の村田巳三郎に書き送った書状である（『同』二五二）。

日本が独立を維持するには、イギリスかロシアのどちらかと同盟して力を借りるしかない。だがイギリスは「慓悍貪欲」、対してロシアは「沈鷙厳整」の国である。故に人望はロシアに集まるはずとして、地理的にも隣接するロシアとの連携、日魯同盟を提唱するのである。更にアメリカの協力を得る必要も説き、万一日本が戦争に巻き込まれ敗れても、ロシアの支えやアメリカの援助を得て立ち直り、むしろそこから真の強国に発展できると強気だった。したがって、ハリスの要求である交易開始とミニストル（公使）の日本常駐はすでに自明のことであった。ただし交易は「官府交易」に限るとして官の監視下に置き、併せて中国のアヘン戦争のような轍を踏まないよう、植民地化の危険にも注意していた。

もっとも、左内の積極的開国・交易論はそれだけではなかった。列強に伍するためには近隣小国を侵略してでも経済力を貯え、強国になることを目指すべきとする主張である。そして、その初めとして蝦夷の開発を考えた。左内が蝦夷への関心を高めたのは先の江戸遊学中のときである。かれは三年五月九日付中根雪江宛の書状（『同』八三）で同地の開拓に触れ、費用を投入するなら「皇国第一之枢地富庫」となると予想し、自分も是非行ってみたいと述べていた。それを物語るように明道館では松浦武四郎の探検記録「蝦夷日誌」の筆写を行わせていた（『同』一四七）。翌年国元で洋式帆船一番丸の建造に着手したのもこのことと関わる。当時の左内には蝦夷に住むアイヌ民族は視野に入らず、同地の開拓を単に経済強化と海防の推進力としか考えていなかった。

左内の蝦夷認識は単に同地の開発に止まらなかった。かれは蝦夷を起点に朝鮮などアジアを侵略して富国を図り、その力を背景に列強と並び立つことを考えた。そのための開国策であり、日魯同盟論であった。「何分亜を一ケの東藩ト見、西洋を我所属と思ひ、魯を兄弟唇歯となし、近国を掠略する事、緊要第一と存じ奉り候」と村田に夢を披瀝するのである（『同』二五二）。現代から見れば危険な発想だが、当時の左内にあっては列強との対峙を必死に考え到達した結論であった。

**左内の統一国家構想**　橋本左内の開国・交易論は幕藩体制の変革構想と結びついており、維新変革を考える上からも画期的な意義をもつものだった。すなわち、かれは開国には国内人心の統一に「建儲」が不可欠であるとし、それを前提に次のような国家政体を構想していた（『景岳全集』二五二）。

①建儲
②宰相―国内事務…徳川斉昭（御三家）・松平慶永（家門筆頭）・島津斉彬（薩摩藩主、外様）
　同―外国事務…鍋島斉正（直正、佐賀藩主、外様）
　同指添…永井尚志・川路聖謨・岩瀬忠震（いずれも幕臣）
　＊各専権宰相には国内の陪臣・処士を付ける。
③京都守護…徳川慶恕（御三家）・池田慶徳（鳥取藩主、外様）
　同指添…井伊直弼（彦根藩主、譜代筆頭）・戸田氏正（大垣藩主、譜代）
④蝦夷担当…伊達宗城（宇和島藩主、外様）・山内豊信（土佐藩主、同）
　＊以上には他の大小名もそれぞれ採用し職務に充てる。

「建儲」には名がないが一橋慶喜を念頭に置いているはずである。その下に国内と対外関係それぞれの責任者を置き、また、朝廷を守護する京都と今後の富国策の起点とも見る蝦夷を重視した人事構想である。御三家の水戸徳川斉昭と尾張藩主徳川慶恕を取り込み、かつ身分・格式に拘わりなく開明的有力大名や幕臣を結集する大胆な発想であった。加えて大小名や各藩の陪臣、それに処士（浪人等）といった身分に制約されない人材登用を視野に入れている。左内はこのとき「日本国中を一家と見」る体制なら「今之勢ニても随分一芝居出来候はんか」と述べているが、ある意味かれは有力大名の連合政権が現実となった一〇年後の維新政権をすでに構想していたと言える〔三谷博 二〇一七〕。

では左内はどうしてこのような革新的な構想ができたのであろうか。そのことを直接説明できる資料は見当たらないが、かれが上府直前まで国元で携わった藩政改革の中に一部示唆するところがある。具体的には明道館改革で目指した有能な藩主・藩政に貢献できる人材の発掘である。藩は四年正月一一日、役職の登用・降格には身分・役席に拘わらず行うことを宣言した(『慶永家譜』)。また、財政と民政の改革では、各奉行間の合議に基づく統一的支配の徹底に努め、併せて支配組織の合理化を図ったことなどである。福井藩の藩政改革が直接国家構想に繋がったとは言えないが、三段跳びのような左内の政治思想の発展を考えれば、福井での経験も大きな意味をもったに違いない。

**京都入説**　安政四年(一八五七)一二月、ハリスの申立にほぼ応じる形で通商条約調印を見定めた幕府は、翌年に入ると老中首座堀田正睦を京に送り勅許を得ようとした。外交は幕府の専権だったが、ペリー来航以来朝廷にも意見を求めるようになり、俄然有志大名や民間からも朝廷の意向を重視する声が高まっていたからである。藩主慶永も同じで、先のハリス申立についての幕府への「意見書」において、公使の常駐や交易開始については「天意御伺之上」決定するよう述べた(『景岳全集』二四九)。

当初、幕府は朝廷の許可を得ることに楽観的であった。ところが、京都の情勢は梅田雲浜など尊王攘夷を唱える儒者や浪士たちが開国・交易反対を叫び、朝廷内にも同調者が増えていた。そこで五年正月、堀田正睦が上京して参内し、勅許を得ることになった。勅許によって国内の反対論を押さえようとしたのである。

同じ頃、橋本左内も江戸を発って京へ向かった。側面から堀田一行を支えるためである。当初かれは通商条約勅許については楽観し、むしろ一橋慶喜の将軍継嗣に重点を置いていた。堀田の上京を機に一橋慶喜の継嗣勅許を得て解決できるつもりだった。だが京に来て認識の落差に唖然とする。

何より孝明天皇が強硬な攘夷論者で、公卿たちも対外問題を理解し判断できる状況ではなかった。そこで太閤鷹司政通に仕える三国湊の豪商三国(森)家出身の儒学者三国大学の協力を得、また江戸から同行した家臣の横山猶蔵や溝口辰五郎、目付村田巳三郎が派遣した近藤了介、それに福井藩稲葉家家人の野村淵蔵等に状況を探らせ、懸命に公卿への説得に努めた。かれらの固陋と無知・偏見に呆れつつ、勅許を得るのが先決と割り切り、手段も選ばないほどだった。三月、左内は一応目安がついたと思ったようだ。しかし、堀田は条約の勅許を得られず、期待した一橋慶喜継嗣の見込も立たず、空しく江戸に戻っていった。

**慶永、隠居・急度慎**　安政五年（一八五八）四月一一日、橋本左内も成果なく江戸に戻った。同月一八日側向頭取格に取り立てられ、手許御内用掛りとなった。役料一五〇石、名実共に藩主「補翼の任」に当たる立場である。四月二五日に国元の家老本多修理と村田巳三郎が呼ばれて翌日出立、一月遅れて長谷部甚平も江戸へ駆け付けた。藩政改革を含め今後の相談をしたものと思われる。

ところで、四月二三日、突如井伊直弼が大老に就任し、幕府内の空気は急激に変わり始めた。ハリスの要求もあって六月一九日に日米修好通商条約が締結されると、慶永たちは将軍継嗣が一橋派に不利になってきたこともあり、条約は勅許を得ない調印だと井伊を攻撃した。対して井伊は一橋派を「陰謀方」（『公用方秘録』）と呼んで押え込もうとし、二三日、一橋派に近い堀田正睦を罷免し、鯖江藩主間部詮勝を老中に再任して幕府内を固めた。その翌日、御三家の水戸徳川斉昭・慶篤父子と尾張徳川慶恕、及び福井松平慶永は、無断登城して井伊大老に面会を求め、条約の「違勅」調印と将軍継嗣について詰問した。だが井伊はいずれの批判にも応じず、翌日、将軍家定の内意をたてに紀州徳川慶福の継嗣決定を発表してしまう。そして七月五日、斉昭に慎、慶恕と慶永には隠居と急度慎の処分を断行した。いわゆる「安政の大獄」の始まりで、以後批判的な大名や公卿・攘夷論者は厳しく弾圧されていく。

慶永の処分は井伊が慶永の存在を極度に警戒していたことも影響したようだ。慶永は大名中でももっとも積極的な開国論者であり、身分・格式を超えて開明的な外様大名や幕臣たちと連携していた。更に、将軍継嗣に際して早くから大老的な補佐役が必要との論があり、それには慶永が最適であると話題になっていた。六月二四日の不時登城の際、水戸斉昭は慶永を大老職とするよう井伊に建言している。なお、二一日に幕府が福井藩に対し、開港場予定地の神奈川・横浜辺の警衛を伊予松山藩と共に命じたことから、慶永は家門の立場を理由にこの軍役を拒否する発言をし、これも恰好の口実になったと思われる（『慶永家譜』）。井伊は慶永を最大の政敵とし、不時登城を好機として慶永追放を考えた可能性がある〔高木不二 二〇〇五〕。

かくして慶永は藩主の座を失い政治生命も絶たれた。家臣団にとっては晴天の霹靂であったが、ともあれ、後継藩主は一族の糸魚川一万石の藩主松平直廉（一〇月二一日より茂昭）が継ぎ、家臣団は路頭に迷わずに済んだ。慶永は翌六日、家臣団に直書を申し渡し、一七日には国元の福井城においても一統へ伝えられた。これまでの活動は家門の立場から徳川家のため尽力したのであり、今後は新藩主に忠義を尽くし、万一にも「不平之所為」がないよう諭す内容である（『慶永家譜』）。

**藩内の反応と左内の最後**　慶永の処分に対する家臣団の受けた打撃、とりわけ側近たちのショックは大きかった。中根雪江と橋本左内は当初自刃も決意したが、当日夜慶永から「愕然の余り卒爾の義」があれば自分を「見捨てる」のと同じだと諭され、思い止まったという（『景岳全集』五八〇）。とはいえ意気消沈ぶりは甚だしく、左内は「如何相考え候ても臣士之情痛嘆ニ堪え兼ね、誠ニ血涙之至り」と嘆くばかりであった（『激動と福井』37）。

ただし藩内の受け止め方はさまざまであった。村田巳三郎は七月二六日付の左内宛書状でおよそ次のように分けられるとした（『景岳全集』五九六）。

①心ある者は、慶永の不運な処分をいたむ。
②近年の改革を嫌う者は、処分を側近たちの不行届と批判する。
③ある者は代替わりで政事向きが変わると思っている。

それまでの藩政改革と関わって①処分を嘆いたり、②批判したり、あるいは③藩政が変わると見てそれに応じた動きを考える者がいるとの分析である。このうち②ではすでに隠居中の保守的な前家老狛氏や長く財政を担当した天方(あまかた)氏などの名を挙げており、実は藩内にはかなり鬱積した批判的な空気があり表面化していたようだ。そこで諸改革のうち、経済負担が伴い家臣団に不満だった明道館への出席強制や兵制訓練等はほぼ中止となった。一方で改革の趣旨や方針は是とし、今後も継続するとされた。とりあえずこれで家臣団は一応落ち着いたようである。

なお、全国的には水戸藩士や薩摩藩士などの中に、脱藩(だっぱん)して井伊直弼を襲う話があった。福井藩内でも密かに慶永を福井へ連れ帰り、その後鯖江の間部詮勝や彦根城を襲うといった計画が語られたりした。だがその話は藩内では高まらず間もなく消えていった（『同』六四五）。

橋本左内はあくまで藩主慶永の意を体し徳川宗家(そうけ)のために働いたとの自負しかなく、幕吏(ばくり)の手が身辺に及ぶことなど夢にも思わなかった。それが一〇月に幕吏の捜索を受け、一年後の六年一〇月七日、死罪となってしまう。処刑の「申渡状」（『同』六七四）によれば、「主命(しゅめい)」とは言いながら将軍継嗣を目的に藩重役にも相談せず京都へ赴き、軽率に朝廷・公卿等へ「周旋(しゅうせん)」したことは、「公儀(こうぎ)を憚(はばか)らざる致し方」だと断じるものだった。もっとも、「死罪」となったのは大老井伊直弼の指示であって、老中や大目付(おおめつけ)たちの意見は「遠島(えんとう)」であったと従来言われてきた（「逸事史補」）。ただし近年の研究では「死罪」は井伊を含む当時の幕閣の合意だったとの意見が出されている〔母利美和 二〇〇六〕。

左内はすでに維新の一〇年前、医師の出ながら洋学研究で得た知識を武器に強力に藩政改革を進め、そこから一挙に飛躍して近代的な国家を構想し、日本を列強と対峙させようとした類い稀な思想家であった。しかし、同時にその急激さの故にか、かれは幕藩制封建(ばくはんせいほうけん)支配の論理から抜け出せず、結局後者の論に殉じてしまった〔山口宗之 一九八五〕。けれどもその矛盾を認めてなお、かれの変革思想は、近年の研究の中でもますます高く評価されつつある。左内の本格的研究が改めて求められているのである〔三谷博 二〇一七〕。

# 第二章　殖産興業策の推進と文久期の福井藩

## 一　横井小楠の招聘

**小楠の招聘**　安政四年（一八五七）正月、明道館学監となった橋本左内は、政教一致に基づく有為の人材育成を目指し、実用の学を掲げて教育改革に取り組んだ。ところが実状は、その基礎となる儒学の指導に力がなく、かつての師であり家臣団に影響力をもつ助教吉田東篁も観念的な世界に止まっているようにみえた。

直面する内外の危機を前に、藩主慶永も新たな指導者を求めていた。折しも慶永は前年一二月二一日付で熊本の横井小楠が家臣の村田巳三郎に宛てた書簡（『小楠遺稿』書簡六二）を見せられ感心した。是非小楠を福井藩へ招きたいと考え早速指示する。村田は小楠が嘉永四年（一八五一）に来福したとき、かれの講説を聴いて感銘をうけ、安政期に入り明道館開校にからんで吉田東篁が小楠との文通を再開すると、かれも小楠に書簡を送り教えを請うていた。三年当時、明道館訓導師助として慶永の「折々文事御相手」をも命じられていたときである。

小楠書簡は、キリスト教を精神的基盤とする西欧事情、特にロシアの政教一致による進んだ政体と産業経済の発達、民間の豊かさを称える一方、乱れた日本の現状に触れて、儒学が理想の治世とする古代「尭・舜」など三代の教えに戻り、併せて進んだ西洋の政体や技芸を学び、日本独自の政教一致、学政一致に基づく体制の再建を講じるよう説くものだった。慶永は「此れ余が大に望む所なり」と大いに感心したという。慶永は儒学の原理・原則に基づく小楠の「儒学的正義」〔松浦玲二〇一〇b〕とも呼ぶべき政治思想に感激し、かれに明道館を託す決意をしたのである。

かくして村田が急遽小楠の許へ派遣され交渉することになり、安政四年三月二八日、明道館句読師安陪又三郎を伴い福井を出立した（『関西巡回記』「氏寿履歴書」）。途中各地を見聞したり、有名の士を訪ねたりして、小楠とは五月一三日に面会した。まず内命の件を述べ、慶永から渡された筆・墨、それと直筆の和歌短冊を渡した（『同』「西遊日誌」）。

愚かなるこゝろにそゝけひらけたる
　人の誠を春雨にして

写真４　横井小楠

慶永の心情溢れる歌に小楠は感動した。村田の誠意も通じたようで、一五日に返答を得る。村田は沼山津（熊本市）の小楠家塾に一八日まで滞在したが、連日連夜小楠の門人たちとともに学話・会読・講習等の充実した時間を過ごし、翌日、離熊に際し江戸の中根雪江に小楠快諾の旨を書状に認めた。

**村田巳三郎の「関西巡覧」**　村田が帰福したのは七月一五日のことである。三か月半に及ぶ西日本巡覧の旅であった。このときかれは藩から薩摩藩や佐賀藩の視察を許され、序でに各地各藩の「風土・人物・政治・学校等」を調査した。帰国後その結果をまとめて「関西巡回記」として藩へ提出したが、それによると多くの知識・情報を得ることができ、大変有益な旅であったようだ。京・大坂・姫路・岡山・福山・広島・岩国・小倉・久留米・柳川・熊本・鹿児島・長崎の各地で精力的に多くの儒者に会い、各藩情を記録し、見聞を広めた。最初の京では早速御所の周囲を巡り朝廷の様子を聞き、当地の儒者梁川星巌・藤森弘庵・梅田雲浜などと面会した。薩摩では西郷吉之助（隆盛）から度々好意をうけ、同藩の武器製造や砲術館・製薬所・反射炉・大砲船・軍事調練、それに藩校造士館や医学館などを見学し、とりわけ数百人が働く大規模な銃砲工場に感嘆、同藩の琉球・清国交易にも驚いた。長崎では幕府の海軍伝習所を訪れ、頭取の勝海舟にも面会、また町の様子や港に停泊する異国船の防備体制、オランダ交易のことなども聞いた。次の佐賀藩反射炉や大砲製造にも随分感心している。

　このように村田はこの旅行で主目的の小楠の承諾を得ただけでなく、実に多くの有益な知識や情報を得、藩にも報告することができた。熊本では小楠から、日本がインドのように列強の植民地になるか「世界第一等の仁義の国」になるかの瀬戸際にいると教えられた。なお、かれが面会した人物の多くは将軍継嗣に関わる一橋派に繋がり、情報や知識は当時藩が進めた教育や軍制、あるいはその後の殖産興業策と関係していた〔高木不二 一九九五〕。村田にとっても藩にとってもまことに有意義な旅であった。

　村田は帰藩して間もなく明道館幹事局御用取扱を命じられ、翌月八日には明道館御用掛りかつ惣武芸所も担当する。加えて書院番組格・側役支配とされ、翌五年正月二五日には文武御用掛りのまま目付役に取り立てられ、藩政全般に参画することになった。

**小楠の来福**　当初期待した小楠の来福は予想外に遅れ、到着したのは安政五年（一八五八）四月七日のことだった。小楠にとって福井は嘉永四年（一八五一）以来で二度目である。今度は賓師として家老以下が丁重に出迎え、手当も五〇人扶持とほぼ三〇〇石取給人に匹敵する待遇であった。もっとも、以前は吉田東篁とその一門に迎えられたのだが、今度はその東篁が外されており、この点は意外の感が否めなかっただろう。ただ、かれのことは慶永・左内ともすでに見限っており、そのことは来る途中京都で左内に会い聞いていたからあまり気にしなかった。

小楠は四月一〇日に明道館へ初登館し、同月二五日から指導を本格化した。毎日午前中登館し、家老・用人と諸番頭・役人は夕方小楠宅で、高知・句読師と外塾師、役輩学諭・助句読師と典籍外塾手伝までは館内で朝にと、それぞれ月三回ずつに日割りし、指導には「会読」を重視した（『福井市史9』一〇）。最初から引き込まれたのが村田と長谷部甚平である。特に今度が初対面の長谷部の喜びは大きかった。四月一二日付で江戸の左内へ出した書状に次のように書いている（『景岳全集』四四八）。

> 横先生始て対面、聞しに勝る大物、其議論たるや光明正大、頻に天地経綸の道理を主張これ有り、和せずんば則ち国を存ずる能わず、或は貿易の利害分明釈然、或は大に戦艦を造るには彼の船軍総督及び船工を来し、闔国合力、五年を待たずして船数計えるに勝うべし、……都て貴兄共新得の御見識、是迄拝聴仕り候事共一々同論に帰し、……

小楠の道理に基づく国の治め方、外国貿易論、海軍強化の方法等、いずれも左内の所論・見識と同じで、自分も大いに自信を得たと喜んでいる。

**小楠の藩政観**　藩主慶永（以後春嶽と改める）の隠居謹慎という衝撃的な知らせが福井の家臣団に届いたのは五年七月一七日のことである。小楠はその前の一五日夕方長谷部甚平から知らされた。藩内は大混乱、小楠も熊本への帰国を覚悟する。しかし藩の取り潰しではなかった。それにすぐに家老松平主馬から、今後も福井に逗留し世話をして欲しいと依頼され、まずは止まることになった。やがて少しずつ家臣、領民ともに落ち着きを取り戻し、休館となった明道館も七月二四日に再開する。小楠はこれもさすがに名君春嶽の「徳義」と感心し、隣藩の勝山藩や鯖江藩、隣国加賀藩と違い、「徳政」が行き届いているからだと国元への書簡に記した。家老以下の「講学」は一段と進み、とりわけ長谷部と村田は「尤も長進」と得意げでさえある（『小楠遺稿』書簡七五・七六）。

もっとも、小楠は来福して以来福井藩の厳格な改革政治に疑問をもっていた。そこで春嶽の処分を契機に藩内に起こってきた様々な批判を「俗論」と退けつつ、独自の考えを主張し始める。よく示すのが「節倹」策の否定である。小楠は「水府流之文武節倹之弊政」だと説いた（『同』書簡七六）。おかげで同年一一月五日、藩はこれまで長く贅沢品としてきた越前国産の「奉書紬」の着用を家中の士分に限って認めることになる（『福井市史6』一二三五）。

明道館の教育方法についても修行規則の緩和や出費の軽減が図られた。小楠の指導も強制を弱め、一一月三日より家老本多飛騨宅と同本多修理宅で「論語会読」を再開するが、いっぽうで館中での組織的な「会読」は中止し、希望制に改める（『福井市史9』一〇）。

小楠は中央で活躍する春嶽や橋本左内の政治運動にも以前から不安を感じていた。春嶽については、来福前から天下に関わるのはまだ早く、むしろ「十分に御見識相立て、天下第一等之御身」となるまで「修養」に専念すべきだと漏らしていた（『小楠遺稿』書簡六四）。当時小楠は春嶽や左内が政治運動に出るのは時期尚早で、もっと自らを高め内部を固めてからだと考えていたのである。だからであろう、熊本に一時帰国した翌六年正月三日、訪ねてきた弟子の元田永孚に対し、春嶽の処分は福井藩としては大変な「逆境」だが、福井藩の再建をめざす自分（小楠）にとってはむしろ「順境」と述べたとある（『同』談録二）。小楠は再度の福井行きが叶うなら、今度こそ自分の出番だと意気込んでいた。

## 二　制産方と産物会所

**安政五年の藩方針**　安政五年（一八五八）春嶽は本来なら参勤交代で帰国年に当たっていた。ところが四月二二日、幕府から時局が逼迫しているため帰国の許可を出さないとの連絡を受けた。そこで春嶽は五月七日、江戸詰家老本多飛驒が帰国の予定なので、かれに書付を渡し国元の家老松平主馬と相談し藩政を進めるよう伝えた。藩政の指針を次の七か条にまとめ、簡単な説明を加えたものである（「松平慶永統治条目」本多重方家文書）。

①政事向きの事、②明道館文武の事、③軍制の事、④調練の事、⑤農工商諸政の事、⑥物産の事、⑦航海術の事

右のうち①は政教一致、②〜④は実践的な文武修行や軍制・調練の向上を強調し、昨年来の藩政改革の徹底を求めるもので、別段目新しい所はない。重要なのは⑤と⑥である。この二か条はこれまでも橋本左内と家臣団との間で交わされる書状などでしばしば言及されることがあった。念頭にあったのはハリスとの通商条約交渉で、積極的に開国・交易を行い、富国強兵を図ることが「急務」との認識である。⑤や⑥はこのような意見と同種と考えてよく、⑤ではこれを「富国強兵の根本」とし、⑥で具体的に示し産物開発に取り組むよう指示した。

昨年、公辺へも建言ニ及び候通りニて、方今此業は専要の事ニ候へハ、第一自国の産物を始め夫々富国の処置これ有りたく、其上ハ山岳・海川の利を興し、大ニ派立て候様取り計らい、是ら一人二人ニて取り行ひ候事も出来申す間敷候得ハ、有志の者と折角申し談し、負担尽力申すべく候、

富国を図るには「物産」を興すことがもっとも大切で、そのため有志と相談し、各地の地勢に見合った産物開発に力を尽くすよう命じており、藩の新たな産物興隆策を促す内容である。この時期、福井藩においては富国策が大きな

課題として浮上していたのだ。

**橋本左内の制産論**　当時、左内の西洋認識は列強の軍事技術から国家体制、さらには財政基盤となる産業経済や交易関係まで関心が広がっていた。安政四年（一八五七）前半の頃には、殖産興業に関わる「制産」論や外国交易論を整理し描ける段階に来ていたようだ。そのことはかれの安政三、四年頃と推測される「外国貿易説」や同四年五月頃の「制産に関する建議手書」によって頷ける（『景岳全集』一五〇・一五二）。

前者の「外国貿易説」では、初めに「制産の一途、従来治国富民之要務」と述べる。「制産」とは国を治め民を豊かにする基本だととらえ、藩が「農工・手業操作之筋」を世話すれば産物は増加し、外国に売れば大きな利益になる、と交易を奨める内容である。続けて、交易では物資のみならず「智恵之交易」も肝要で、西欧の長所を習い国内に広めれば、その利は「制産」に限らないと波及効果を説いた。

注意したいのはここで用いた「制産」の用語である。字義だけをみれば「産を制する」、すなわち生産を制御するという意味である。だがここではそれを進めて、産物の生産から流通・販売に至る過程を藩が援助し管理・監督するとの理解だったようだ。当時は藩財政が豪商たちに依存し、莫大な利益を得る「姦商」への批判が強かったが、左内もその観点から「制産」の用語を用いたのではないかと思われる。かれは外国交易についても、実施の場合は「勝手交易」をやめ「官府交易」とすべきと強く主張していた（『同』二五二ほか）。

**国産糸紬趣法**　橋本左内の外国交易論、「制産」論は、国元で藩政改革を担う長谷部甚平や村田巳三郎たちにも大きな刺激を与えた。とりわけ長谷部は財政担当の立場から増収に強い関心を示し、安政四年（一八五七）一〇月一〇日付左内宛の書状に「此節海賊相働き候てなりとも溜込み申すべき場合」と書く。そこから自身も国産物に関心をもち始め、今立郡五箇の奉書紙について、紙職たちは困窮を申し立て休業状態だが、研究してみるとまさしく「名産」

で、一年間で正金一万両余は見込めると自信を持った。長谷部はこれまで足下の藩士の豊かな可能性や疲弊を見過ごしてきたことに気づき、殖産興業に目を向け始めるのである（『景岳全集』二〇一）。

　そんな中で浮かび上がったのが地域の生糸や奉書紬である。藩は翌五年二月に入り「御国産糸・紬御趣法」と称する新たな趣法を打ち出した。家内で機織職を営む者に対し、「鑑札」を出すので勘定所へ願い出ることとし、不保持の者は機織を禁止するという。ただし、「鑑札」の申請者へは「冥加上納」は課さず、機織りを奨励する内容である（『続片聾記』）。藩が機織職人を掌握してかれらの生産を安定させ、糸・紬業の進展を促そうと乗り出したのである。そのため同月六日、城下松本上町の問屋木綿屋与三右衛門を「御趣法奉書紬並びに糸問屋」とし（『福井市史7』二）、更に同九日には下級家臣二人を糸趣法方下代に任命した（松平文庫九二六）。これは糸問屋を通して特に「国産糸紬」の生産と流通の拡大を図るもので、嘉永二年（一八四九）に停止した諸産物の専売制復活といえる。

**制産方の設立**　安政五年（一八五八）一一月、藩職制に新たな動きがあった。同月一六日、水谷猪之助や都筑利八郎などの製造方関係者六人が、新たに制産方へ移動になったのである。もっとも、制産方はそれ以前に成立していた。と言うのもこの辞令があった同じ日、六人の中には含まれない製造方吟味役の岡嶋恒之助が「制産方勤向出精」を理由に褒賞を受けるなどの事例が確認できるからである。岡嶋を含めれば一六日現在での制産方役人は一〇人ほどになる。人員はこの他に実務担当の下代が同年末までに八人ほど任じられた。

　ところで、最初に名の挙がった制産方役人は、水谷が一〇〇石取の給人、都筑は二〇石三人扶持の切米取と、中級以下の家臣である。当初は役名がつかず、単に制産方への異動辞令が出ただけであった。しかしその後しだいに人数が増え、任命の際には見習・本役・吟味役・頭取といった役職名が付くようになり、六年には組織体制も確立した。責任を任されたのはもちろん頭取で、同年八月五日、御奉行長谷部甚平と勝木十蔵の二人が「制産方懸り頭取同

写真５　越前三国湊風景之図（慶応元年）（部分）

様」の命を受け、その後三岡石五郎が頭取に就いた。なお、従来の製造方事業は春嶽処分後更なる幕府の嫌疑をはばかってか、多くが中止に追い込まれたようである。

ともあれ、橋本左内が用いた「制産」の語を冠した新たな組織が出現した。やがてこの制産方を中心に殖産興業策が大々的に展開されることになる〔高木不二 一九九七〕。

**横井小楠の三国湊訪問**　安政五年（一八五八）四月七日に着福した横井小楠は、早速準備された客館とすぐ側の明道館とを行き来しながら、昼夜を措かず家臣たちの指導に励んだ。だが、すぐには当地の生活になじめなかったためか、一か月もすると少し体調を崩した。そこで長谷部甚平は気分転換を兼ねて小楠を三国湊に誘った。小楠に同行してきた弟子など一〇人ほどと連れ立ち、五月二日には当湊代表格の豪商内田惣右衛門宅に寄っている〔「(内田家)日記」古田良一文庫〕。それから近くの洋式帆船建造中の宿浦や東尋坊などを回り、また船が出入・碇泊する三国湊の様子などを見学した。その後、近辺の古老を呼んで日本海各地の湊の様子などを聞き、湊の発展を図るにはどうすべきかの議論になった。そのとき少し離れた安島（坂井市）と雄島（同）の間に石積みの波除を築造して「大湾」にする話が紹介された。すると小楠は、それなら三国湊に近くて九頭竜川の舟運ともつながり多くの船が停泊できるから、「北海（日本海）第一之港」になると大喜びしたという（松平文庫七七二「村田巳三郎宛長谷部甚平書簡写」）。

実は三国湊は、九頭竜川の河口に位置するため土砂が堆積して大船の碇泊に支障となり、川浚いの苦労が絶えなかった。そこで安政四年、洋式帆船一番丸の建造を機会に、近くの安島浦に湾を整備する計画が起こっていた。長谷部たちは前からこの議論を進めており、一〇〇間程の石積みなら約二万両必要との見通しを製造局（方）との間で立て（同）、図面（「安藤フクラ大概之図」福井市春嶽公記念文庫）も作成して幕府へ提出する予定であったらしい。

このとき長谷部は小楠と民政についても熱く語りあった。「民と親ミ」「上下之情を通し」、農民に生産を励ませ、「税額を薄く」するなどと言ったことばが飛び交い、このときの話は長谷部の同役や家老たちも「大ニ同意」したとある。また、書状は町方の扱いについても「民情」を得る大切さに触れている。すでに長谷部と勝木十蔵、及び明道館開校や製造方担当であった千本藤左衛門（元金津奉行）の三人が「町方相談相手」を命じられ、追々「商政」に取りかかる予定とある。「百工之政」を起こし、民生を厚くして人々を「塗炭」の苦しみから救うのだと。

**長谷部甚平と三国湊の口銭**　安政五年（一八五八）後半、領内は橋本左内時代からの厳格な「節倹」策に加え、藩主交替という事態を迎えて沈滞し、かつ米価の高騰やコレラが流行し始めたことで社会不安が広がっていた。一方で徐々に横井小楠の指導が浸透し、それまでの厳格な「倹政」を止め沈滞ムードを破ろうとする動きも出始めていた。

小楠に傾倒した御奉行長谷部甚平は米価の引き下げに取り組んだ。城下の山口小左衛門を初めとする米問屋たちに協力を求め、五年一二月には米価を下げて町方困窮者の援助や在方の年貢収納策を講じる。翌年一〇月一一日に御奉行兼寺社町奉行に就くと更にこれらを進めた。米仲買人を米問屋の支配下に置き、一二月には城下に米市場を設立させて米価の安定を図り、また同月には一日七〇〇〇人に及ぶ難渋者救助も行っている（『福井市史7』四）。

一方で同年一〇月、長谷部は新たな課題に着手した。福井藩のみならず越前全体の流通経済を左右する三国湊の物資出入りを豊富にする計画である。すなわち問丸役の一人津田吉右衛門を呼び、湊出入りの諸品目に口銭を課してきたこれまでの方策について思うところを「内達」するよう命じた（『湊史料』三国―四）。津田はこれを内田惣右衛門や同役二人の問丸たちに伝え、口銭方役人も加わって一緒に検討した。だが、かれらは長谷部の意図が読み取れず、容易に返答できなかった。ようやく半年後の翌万延元年（一八六〇）四月六日に提出したが、それは湊出入りの船と物資の監視を強化し不正防止に努めれば、結果として口銭取り立てが増え、藩財政にも貢献できるといったもので、しかも成功したら問屋方負担の銀高の二割は用捨してほしいと、かれらの利益確保も要望するものだった。

もちろん長谷部は納得しなかった。七月、今度は問丸三人を呼び出し、具体的に口銭値段の改定案を出すよう命じた。ここに至って問丸たちもようやく理解し始めたらしい。一〇月一四日に提出した「御伺之覚書」（『同』三国―四）は、かなり内容の伴うものだった。入津品では、塩は「国中他領迄日用之品」だとして、口銭は一俵につき従来藩益が銀一分五厘であったのを半分か全廃、炭は「貧窮之者迄日用之物」につき三分から一分に下げた。いっぽう鉄は定値段一束五五匁の税を一一〇匁に、鋼は六〇匁を一二〇匁にと倍増させるとともに、藩益は中止するよう求める内容である。それぞれの値段を大幅に上げたのは、当時全般に取引値段が上昇していたからであった。重要なのはかれらが藩益の中止を言い出したことである。それが結果として流通の増大につながり、「湊出入之荷物多く相成り、御上之御益かつ湊之賑ひ」になると考えたのである。

**改正運上規定**　その後更に詰めて吟味し、翌一一月、勘定所から三国湊荷物運上銀（口銭）改正規定が発表された。表2はそのうち出入荷物分の主要品目を中心にまとめたものだが、全体に口銭がかなり軽減され、藩が目前の口銭収

表2　万延元年11月改正 三国湊出入諸商物運上定

| 品目 | 運上 | 備考 |
|---|---|---|
| 〈入船諸商物〉 | | |
| 諸材木幷竹 | 銀高より３歩 | |
| 桶側幷杉皮 | 〃 | 桶類・箱類は２歩 |
| 船売買 | 銀高より２歩 | 三国・新保間は無運上 |
| 米幷雑穀・鉄銅類・塩・四十物・茶・楮子・蒟蒻玉・多葉粉・薪類・昆布・蠟・油草類・瀬戸物・其外諸商物 | 〃 | |
| 繰綿 | 銀高より１歩 | 抜手綿・白木綿共 |
| 葉藍 | １本銀６分 | |
| 通荷物 | １箇銀６分 | |
| 内、四十物・鉄銅物類・茶・石類・蒟蒻玉・油・蠟・藍玉 | 銀高より２歩 | |
| 材木幷竹、鑓柄樫類 | 銀高より３歩 | |
| 〈出船諸商物〉 | | |
| 竹・材木 | 銀高より３歩 | |
| 菜種・蠟・石類・瓶類・古家・古蔵・油 | 銀高より２歩 | |
| 干鰯 | 〃 | |
| 米幷雑穀類 | 銀４分 | １俵ニ付 |
| 酒・酢・醤油 | 〃 | １樽ニ付 |
| 四十物類 | 〃 | １箇ニ付 |
| 茶・多葉粉・藍玉 | 〃 | 〃 |
| 木綿・繰綿・古手類 | 〃 | 〃 |
| 鉄銅類 | 〃 | １束ニ付 |
| 木地・砥石 | 〃 | １箇ニ付 |
| その他畳・戸など22品目 | 〃 | |

（注１）『福井市史６』1352より作成。
（注２）「出船諸商物」の内、塩など26品目は省略。

入よりも産物流通の拡大に大きく梶を切っている。直後の二〇日、問丸や三国町庄屋なども列席させて惣問屋共を呼び出し、趣旨を念押しした（『福井市史6』一三五二、『湊史料』三国―四）。そのうち特に注意したいのは次の指示である。

①塩・四十物に関する一歩口銭は廃止する。

②今度「趣意」により「増歩・増役・御益」を中止するが、口銭は三か月以内に必ず納入すること。

③諸品目の値段は問屋方が正しい値段を（役所へ）報告すること。実行されれば値段の一割を用捨する。

④問屋・小問屋へ今度改めて株札を渡すので、扱いを厳正にすること。

⑤これらは「第一湊繁昌は勿論、御国中融通相成り候様ニ」との趣意によるものであり、問丸・問屋年番の指示に従い不正をしないこと。

①の「塩・四十物」は人々の生活に直結する品物であり、「一歩口銭」は問丸役の手当として一般の口銭とは別に実施されていたものだが、それを全廃したわけである。②はそれを含め従来の「増歩・増役」としてきた藩の「御益」を止め、問屋以下の負担軽減を図っており、それは⑤の「湊繁昌」更には「国融通」を目指すこととつながる。藩が明確に民富策に重点をおいていることがわかる。それ故④にあるように問屋・小問屋といった商人たちの不正には厳正に対処することを明言したのである。

なお、口銭役所は一二月に運上会所と名を改め、翌文久元年（一八六一）七月、これまでより少し上流の川端に新築移転して運上銀取立を始めた。九月には制産方頭取三岡石五郎の指示で湊口灯台を新設することを決め、同年にはまた「川口御番所」も立て替えられた。更に二年一一月には湊の「川舟・橋舟」などの「船役銀」も廃止された（『三国町町内』「問丸日記補遺」）。

**産物会所の設立**　産物会所は領内産物の流通を管理・監督する藩の役所である。万延元年（一八六〇）に三国湊問丸たちが藩との口銭問題協議の中で、福井大橋下に改所を設けてはと提案し、一一月、口銭規定の改定と併せ設立が決定された。すなわち同月二一日、町役所から城下豪商で米問屋の山口小左衛門・内藤理兵衛・竹内小兵衛、及び松本上町荷物問屋の木綿屋与三右衛門が呼び出され、次のような指示があった。

　産物並びに商法御引き立てのため、今度売買会所御取り立て成られ、其方共へ右元締仰せ付けられ候、

「売買会所」を新設して産物の生産と流通を図るため四人を元締に任命するとの達しである。藩の担当役人は制産方頭取の三岡石五郎・同岡嶋恒之助、それに制産方吟味役中沢甚兵衛、及び制産方役米岡源太郎の四人である。役所はとりあえず三国湊内田惣右衛門の福井城下用宅を当てるという（『福井市史7』四）。制産方の下に城下豪商たちが元締となり運営する藩営の会所である。当然三国内田家も関わるだろう。

　この件は翌一二月一八日付で郡役所から坂井郡の大庄屋たちにも伝えられた（佐藤礼三家文書）。もちろん城下や三国湊を含む領内全体へ通達があったに違いない。すでに名称が「売買会所」から「産物会所」に変わり、内容は次の三か条にまとまっていた。

①糸紬や布綛・木綿はもちろん、国産類の不正防止と引き立てのため、すべて一旦産物会所へ出して「改印」を受ける場合は、それに自分の印を押して会所へ出すこと。国産品の信用を高めるためである。

②産物会所へ荷物を運ぶ際は、その失費を考慮し、願い出れば会所の「地車」を貸与する。

③商人共のうち品物仕入資金が不足する者へは、願い出れば品により規定の利足で資金を貸し付ける。

産物会所設立の目的は、国産物の品質を保証して他国販売を促進することにあり、そのため希望者には資金貸与もするとの説明である。なお、申請は町・在とも仲買や庄屋筋より提出するとしていた。この三か条だけでは判然としないが、その後の事業展開から判断すると、産物会所は商人や一般の農村生産者たちを対象とし、国産物を一括会所が管理し、独占的に販売する藩専売制を意図したものであった。しかもここでは生糸・麻・木綿といった、当時大変

盛んになってきた農村の各種糸類やそれらの加工品を挙げていた。

翌文久元年（一八六一）三月二一日、郡役所は三国湊の問屋・四十物屋共へ対し、肥料は「耕作必用の品」であり、百姓の「手支え」にならないよう仕入資金の援助をすると触れた（『湊史料』三国―四）。同五月、三国町では新たに産物励方世話役として布目屋吉右衛門と池上屋卯兵衛が任じられた。町人たちの「職業励」が目的で、例えば「木綿糸等之励」を望みながら元手資金不足の者には、かれらが世話をして「引綿等」を「質渡」するという（「御触写」松ケ下区有文書）。産物会所がその趣旨に沿い稼働し出したのである。

**会所の組織**　産物会所が正式に定まったのは文久元年（一八六一）二月のことである。同二三日、城下九十九橋北詰の荒木祐右衛門宅が当てられ開館した（『三国町内田』）。同家は道を挟んだ西側の駒屋家とともに古くからの藩札札元を務めていたが、札元業務を駒屋家に任せ、荒木家は産物会所に改められたのである。業務は制産方の監督の下、会所元締が毎日詰めて実務を担当し、藩からも産物会所下代が任命され加わった。早くは同年二月一一日に坪田官次、九月八日には坂下惣次郎が産物会所下代に任命されている。ちなみに坪田は後述する横浜石川屋手代となった岡倉覚右衛門家を継いだ養子、坂下は下関交易の拠点づくりに制産方下代として働いていた人物である（松平文庫九二六）。

産物会所の設立は長谷部甚平が主となり、制産方頭取三岡石五郎も共に働いたものと思われる。小楠は会所が発足する頃までその名称を知らず、「第一大問屋」などと呼んでいた。運営は前述の通り元締が責任を負い、領内各地の「然るべき人物」五〇人ほどに託して、諸産物の買い入れや仕入れ資金の世話などを行い、品質等を点検の上売り捌く予定だったようである（『小楠遺稿』書簡一一二）。

産物会所は早速稼働し始めた。併せてこの年、藩は貨幣流通を促進するため、新銀札二〇匁札と三〇匁札を発行した（「熊谷正治家文書」越前史料）。従来は「大目札」でも最高が一〇匁であったが、今度は「世上融通便利」のためという（『三国町内田』）。七月には他領である「大野・勝山辺」特産のたばこ荷物について改会所口銭を廃止した（『福井市史6』一三五七）。産物調査も始める。会所元締の山口小左衛門は九月二八日から一〇月八日にかけ、会所役人とともに長崎へ送る生糸調査に府中（越前市）・粟田部（同）・今庄（南越前町）へ出向いている（『福井市史7』四）。

**会所活動の広がり**　会所元締の増員にも努力し、この年一一月四日と五日に計一一人の元締を任命した（表3）。内藤から竹内までの四人は前年一一月に任命された同じ家の人物と思われるから、新規は七人である。ただし、人数はその後一部入れ替えがあり、慶応二年（一八六六）には二〇人近くになった。領内各地にわたるが、多いのは福井城下、次に三国湊の在住者で、他には府中、坂井郡、それに在郷町の粟田部村の在住である。

産物の取引・販売地には会所出先を確保し、産物会所とそれぞれを結ぶネットワークも整備していった。文久元年（一八六一）末のことだが、三国湊には性海寺塔頭正智院の座敷を産物方湊御会所とし、同じ敷地内に会所の土蔵も設けた（『三国町町内』「三国湊記録」）。また年紀は不明だが、越前和紙の産地である今立

表3　幕末期産物会所元締役

| 任命年月日 | 名前 | 所在・屋号等 |
|---|---|---|
| 文久 1.11. 4 | 内藤門太郎 | 福井町布屋 |
| 〃 .11. 4 | 山口彦三郎 | 福井町米屋 |
| 〃 .11. 5 | 木綿屋善右衛門 | 福井町松本 |
| 〃 .11. 5 | 竹内五兵衛 | 福井町 |
| 〃 .11. 5 | 内田惣右衛門 | 三国町 |
| 〃 .11. 5 | 内田平三郎 | 三国町 |
| 〃 .11. 5 | 坂井太郎兵衛 | 坂井郡南金津 |
| 〃 .11. 5 | 尾竹織右衛門 | 丹生郡牛屋 |
| 〃 .11. 5 | 天王屋金次郎 | 府中町 |
| 〃 .11. 5 | 松井耕雪 | 〃 |
| 〃 .11. 5 | 木津元松 | 今立郡粟田部 |
| 文久 2.11.20 | 片屋助右衛門 | 福井町三好氏 |
| 〃 .11.20 | 八尾屋善助 | 福井町 |
| 文久 3. 5.13 | 三国(森)与兵衛 | 三国町 |
| 〃 .12.12 | 山田宗右衛門 | 福井町 |
| 元治 1. 3.20 | 内田平右衛門 | 三国湊 |
| 〃 . 5. 9 | 仕足屋権兵衛 | 府中町 |
| 〃 . 9. 5 | 綛屋喜右衛門 | 福井町 |
| 慶応 1. 5.22 | 増永保次郎 | 府中町 |
| 〃 . 5.22 | 須賀原理右衛門 | 福井町 |
| 〃 .11.20 | 室屋要太郎 | 三国町 |
| 慶応 2. 3. 5 | 山田又三郎 | 福井町常磐屋 |

（注）「御国在方」（松平文庫927）より作成。

郡五箇の紙専売会所は「福井産物会所」と心得るよう指示された〔岡本村史 一九五六〕。領外や他国関係では、敦賀湊の由緒ある豪商で古くから藩との関係をもつ打它氏の蔵を借用し、また大津の福井藩蔵元矢嶋家を「会所同様」の扱いとし国産引立に利用した。江戸・大坂・京都にそれぞれ制産方役人を常駐させ、外国交易を行う横浜には石川屋・越州屋、長崎及び日本海西回り航路の中継地である下関には制産方が福井屋を置いていた（次節参照）。制産方と産物会所が一体となり、領外・他国の要地に出先を確保して国産品の販売促進に努めたのである。その他全国各地に制産方役人が産物研究に出向いたりした。大野藩に依頼して大野丸に乗船し、蝦夷地から樺太にまで赴き交易の様子を探ったこともあった（「青山小三郎関係文書」）。

## 三　外国交易の展開

**岡倉覚右衛門と横浜石川屋**　福井藩が外国との交易に踏み出したのは、安政五年（一八五八）六月一九日に日米修好通商条約が締結され、翌年六月から神奈川（間もなく横浜）・長崎・箱館で列強との自由貿易が行われる運びとなってからである。しかも直後に幕府から伊予国松山藩主久松氏と共に神奈川・横浜辺の警衛を命じられたことが大きかった。一一月二七日には持ち場も決まった。そこで翌六年四月、近くの太田村に約一万二〇〇〇坪の土地を拝借して陣屋建物の建設に着手し、おかげで横浜開港場と直接向き合うことになったのである。

さて、「横浜商店時情書」（『神奈川資料』五）によれば、福井藩が実際に横浜交易に乗り出したのは神奈川開港と同時である。藩は陣屋地建設にあたり、横浜村名主の石川徳右衛門に世話を頼んでいた。おかげで横浜本町通り五丁目の十字路に面して表間口六間・横通り奥行き一五間、九〇坪の土地を借用できた。ここに商館「御国諸産物売捌所」

を建て、開港に併せて開業したのである。営業を担当したのは「越州制産局」が五年季で召し抱えた与助という人物で、屋号を石川屋と称し、生糸・呉服・太物・荒物・紙・蠟燭等を扱った。「越州制産局」とあるから、藩の制産方監督下の経営ということになる。ただし、営業に関しては五〇〇メキシコドルの利益を得たとする同年一二月八日付石川屋与助作成の生糸仕切書など数点を確認できるのみで、成果のほどはほとんど不明である（西川・佐藤一九九四、ほか）。

やがて制産方は坪田（岡倉）覚右衛門（岡倉天心の父）に経営させることに切り替えた。覚右衛門は江戸勤めで太田陣屋勤めを兼ねる作事方下代であったが、安政六年一二月五日江戸表制産方下代となって石川屋の経営にも関わっていた。それが万延元年（一八六〇）三月二三日、家督を養子に譲って自らは身分を町人に替え、名も「金（全）右衛門」と名乗り石川屋を経営することになったのである。藩の履歴「新番格以下」（松平文庫九二六）には「制産方御内御用」につき「横浜商館手代勤」を命じられたとあり、事実は制産方の直接経営といえる。

当時横浜には生糸売込商人が関東地域や奥州・信州など各地から集まり、百数十人が店を出していた。だが、実際に外国向けの生糸売込を行っていたのは数十人という（西川武臣一九九一）。それに石川屋も含まれるが、ただし幕府による同年閏三月の五品江戸廻し令や店の類焼などで経営は容易でなかった。

**越州屋の経営**　そこで石川屋に代わる新たな店を立ち上げることにした。文久元年（一八六一）一二月四日、新たに「福井町越州屋小左衛門代金右衛門」の名で石川徳右衛門の土地を借用し、国産物販売を行う出店願を神奈川奉行へ提出したのである（「茂昭家譜」越葵文庫）。「越州屋小左衛門」とは先述した藩産物会所元締の代表格である山口小左衛門を指す。ただし、このとき幕府は生糸の新規販売願を認めなかった。そのため先の徳右衛門店を間仕切りし、扱う品目を茶・木綿・紙・塗物・荒物・乾物・薬種として届け、生糸は石川屋徳右衛門の名義で同店内で扱うことにした（『神奈川資料』五）。

写真６　石川屋店先

もっとも、ここでも営業の様子は資料が少なくはっきりしない。具体的には文久二年九月と一〇月付の生糸仕切書三点が確認できるのみである（『岡倉天心展』８）〔長野栄俊 二〇一三〕。この三点は「越州屋全右衛門」が越前勝山の商人斎藤治兵衛から生糸を預かりイギリス商人クラークに販売したもので、諸経費を差し引いた代銀を斎藤に渡すとした内容である。他領である勝山商人の生糸を扱っており、これから類推するに、越州屋は藩の産物会所を通して福井藩内のみならず、越前一帯の生糸を手広く集荷し、横浜で外国への売込を行っていたことになる。なお、五年後の慶応三年（一八六七）七月には、幕府の公金貸付のために横浜の堅実な生糸売込商八人で結成した「荷物為替組合」に「石川屋金右衛門」の名が見えているから、経営は順調だったのだろう〔横浜市史 一九五九〕。福井藩との直接の関係は明治二年（一八六九）に切られるが、三・四年時の「横浜町会所日記」には相変わらず、石川屋金右衛門や同徳右衛門の名が登場する（『町会所日記』）。石川屋はなお継続したものと思われる。

ところで、金右衛門の所へは藩の関係者が交易事情の調査や外国の情報を求めて次々とやってきた。前藩主春嶽も万延元年（一八六〇）九月に謹慎が一部緩和されると横浜への関心を高めた。側近の中根雪江はたびたび同地を訪れ、その際金右衛門店で入手したと思われる珍品を持ち帰り、春嶽に献上している（松平文庫七〇五）。そんなことから藩は金右衛門に対し、外国人や当地に往来する人々がもたらす多様な情報を収集する探索方的な役割も担わせた。文久二年八月二一日、横浜近くでいわゆる生麦事件が起こったとき「越州屋善（全）右衛門」は翌早朝これを江戸藩邸へ急報した（『再夢紀事』）。翌年には薩英戦争の講和問題や横浜の貿易状況などを報告したりしている〔長野栄俊二〇一三〕。

**三岡石五郎、長崎へ**　福井藩は長崎交易にも目を向けた。安政五年（一八五八）一二月、明道館賓師の横井小楠が一時熊本へ帰るに際し、藩は三岡石五郎と元製造方掛りの平瀬儀作及び明道館助訓導師の榊原幸八、それに制産方下代清水祐蔵を同道させ、九州各地を巡覧し見聞を広めてくるよう促したのが始まりである。村田巳三郎が江戸の橋本左内に伝えた書状によると、各地各藩の「有士」と面談し、軍事・産業技術や諸産物生産の実状を見聞調査し、また下関・長崎では交易の様子や方法等をしっかり理解するよう求めていた（『景岳全集』六五七）。前年村田自身が小楠招聘を利用して九州各地を巡遊し、大いに目が開かれたのと同じことをかれらにも経験させ、「国家の有益」すなわち藩の未来を開く人物となるよう期待したのである。かれらは熊本を含め約五か月かけて九州各地を回り、六年五月二〇日、小楠ともども福井に戻った。

三岡は安政六年九月一八日に制産方下代の磯野金次郎を連れ、今度は長崎に目的を定めて出発した。そんな三岡を横井小楠も大いに励まし期待した。熊本の門弟へ送った書状には、かれは近頃よほど貿易関係に通じていると褒め、「貿易之事は着眼之第一事と存じ奉り候」と期待している（『小楠遺稿』書簡八七）。

三岡も交易開始に懸命になった。一二月には元製造方吟味役で当時制産方勤めの加藤藤左衛門も長崎に派遣された。三岡に先立って七月に制産方御用で下代の坂下惣次郎と同清水祐蔵も下関に派遣されており、二人は長崎とも連絡しながら同地で拠点づくりに従事した。

幸い三岡は江戸滞在のとき橋本左内を通し長崎の代表的豪商小曾根乾堂と面識を得ていた。そこでかれに頼って出島のオランダ商会との交易を考えた。その頃小曾根は間もなく始まる自由交易を見越し、港に面する浪ノ平に土地約六〇〇〇坪を確保し造成工事にかかっていた。これは万延元年（一八六〇）七月に一応完成し、同年末には土蔵四棟を建て、うち三棟を外国人に貸与している〔菱谷武平一九八八〕。三岡はかれと交渉し藩の産物蔵を確保しようと図った。

小曾根との交渉は順調に進んだらしい。三岡は同年閏三月一日に福井に戻り、加藤も七月末に帰国した。加藤はそのとき小曾根の二人の弟清三郎と順三郎を伴っており、間もなく清三郎は藩から長崎表御用達に任じられ、城内本丸で藩主との目見も許されている。その四日前、加藤藤左衛門と平瀬儀作、それに元製造方吟味役岡嶋恒之助の三人が揃って制産方頭取に昇進した。そして、加藤と平瀬は再度の長崎行きを命じられ、九月二日に福井を発った。

**長崎福井屋**　小曾根と組んだ長崎交易は文久元年（一八六一）、予期しない事態となった。小曾根の造成地が長崎奉行により外国人居住地用に接収されることになったのである。実は小曾根はすでに造成に約一万両の費用を支出しており、これには福井藩が貸与した四〇〇〇両余も含まれていた（「小曾根六左ェ門拝借一件同人持地取調子書類同人諸伺書」ほか）。その契約は三岡が二度目の長崎行きを果たした安政六年（一八五九）冬に行われていたらしい（松平文庫七〇五）。それが破綻し藩は生糸などの保管庫の確保が困難になったわけで、小曾根との関係も険悪になり、この問題は長崎奉行への訴訟に発展する。

やむなく藩は別途拠点となる店を長崎江戸町に設け、文久元年七月九日、長崎奉行へ国産物販売を目的とする商人一人の出店を届け出た。商人とは福井城下で醤油業を営む三好（片屋）助右衛門の弟市太郎のことである。助右衛門は幕末に入って頭角を現した新興の商人で、この年越中八尾物や越前勝山を通して仕入れた大野細工物など生糸三八個を長崎へ送り、これは「当地方の生糸輸出の嚆矢」だという（「三好波静略伝」越前史料）。三好は二年三月二日に福井藩産物会所差添、一一月二〇日には同所元締となっている。藩はそんな成長株の三好に白羽の矢を立てたわけで、同店は弟市太郎が福井屋の屋号で営業した。もちろん実質は福井藩産物会所の出店であった。なお、市太郎は同年三月二七日から五月一九日まで会所元締の山口と美濃・京・大坂へと回り、「諸色引合」を行ったりしている（『福井市史7』四）。

**交易の実状**　このように福井藩の長崎交易は横浜と同じく曲折を経ながら展開されていった。ただし実状はほとんど資料がなく不明である。明治期に入って由利公正は、早くも万延元年（一八六〇）頃には莫大な交易利益を獲得し、藩財政は一挙に改善されたと自慢したが、その話は今日まで実証されていない〔三岡丈夫 一九一六 由利正通 一九四〇〕。

ただ、最近の研究によれば、在日オランダ総領事が本国へ送った「一八六一年五月報告」の末尾に次の文言がある〔横山伊徳 二〇一七a〕。

> この数日蒸気小艇の注文が、越前藩主の勘定で、オランダ貿易会社代理人（Bauduin）になされた。彼は自分の領地の産物、すなわち絹を、長崎に直接輸送したいと思っている。

ここでいう越前藩主は前藩主春嶽を指すと思われるが、福井藩が文久元年（一八六一）に入ってオランダ貿易会社に「蒸気小艇」の購入を注文し、また特産の絹を長崎に直送し、オランダへの輸出を望んでいたことになる。当時三岡たちがオランダ側と接触し、かなり交易を進めていたこと、それに交易がかなりの収益をもたらしていたことは推察できるだろう。

なお、藩と小曾根との関係はその後ある程度復活し、少なくとも元治元年（一八六四）以降、同氏居宅近くに藩の産物蔵が確保されたようだ。また藩が貸与した金子の返還についても同年改めて確定した。総額四〇三〇両とし、半分は小曾根が長崎奉行から得た「御下金」で受け取り、残りの半分は一三年後の丑年から一〇年賦で年二〇〇両ずつ返還されるとの取極である。そして約定通り、当年分については八月に一四〇〇両、翌慶応元年（一八六五）四月に六三〇両受け取った（「小曾根六左ェ門拝借一件同人持地取調子書類同人諸伺書」）。

**長州藩との交易**　下関は日本海から瀬戸内海を経て畿内と結ぶ西廻り航路の主要中継地である。先に触れたように、福井藩制産方は安政六年（一八五九）七月からここに制産方下代を派遣し、長崎を含む交易の拠点を確保した。屋号を福井屋、店主は仁平と称した。

そんな中、長州藩との交易という新たな気運が起こった。同藩は産物政策の一環として藩外交易を進め、同年には領内の豪商中野半左衛門を登用し、薩摩藩との交易活動を展開した。中野は下関新地の藩産物会所を任され「薩州交易支配人」として薩摩藩のみならず九州各地や上方、更に福井藩とも結ぶことになる（田中彰 一九九六）。

直接には文久元年（一八六一）八月二七日に長州藩側から福井藩へ働きかけがあった。同藩桂小五郎が江戸福井藩邸に来て中根雪江に面会を求め、三田尻産の塩と福井藩産物との交易を持ちかけてきたのである。しかし、中根は同藩の政治的思惑を心配し断った（『奉答紀事』）。ところが同じ頃、福井藩制産方も下関で中野たちと接触していた。中野の「薩州御交易記録」及び「中野半左衛門日記抄」によると、桂小五郎が江戸の福井藩邸を訪ねる前の七月の所に越前等四か国の菜種値段等を記し、八月の所では長州藩が「北国通商」を望んでいるとある。そして、翌二年三月一日付で、大坂「越州役所」から「糸荷」一一個が下関の福井屋仁平宛に送られ、この件でか三月九日に中野と福井屋とが商談を調えた。中野が受け取った糸は「白糸」あるいは「しらが糸」と呼ばれ、この時の一一個の「糸荷」は計一三〇貫目にのぼったとある。

**長州藩交易の結末**　下関福井屋は長州藩中野半左衛門に渡した生糸の引き替えに薩摩の砂糖を求めた。そこで中野は藩上層部と相談し、四月に仕入れた那覇黒砂糖二五〇〇挺のうち四〇〇挺を、「引当物」を条件に五月に受け渡すと返答した。この「引当物」は確認できないが、とにかく福井藩と長州藩との官交易が始まったのである。

ところが、事態は思わぬ方向へ進んだ。福井屋が中野へ対し、長崎で江戸運送用の正金が不足しているので、預けた「白糸」を取り戻し、長崎へ送って現金を確保したいと言い出したのである。また福井藩が買い入れた砂糖値段が高いとして、他商人並の引き下げも要求した。最初の取引であり交渉は難航した。それでも中野側はある程度折れて六月一六日に話がまとまる。

ただし福井藩の代金はなお不足した。このとき直接交渉に当たったのは、四月に長崎を訪れて用務を済ませ、福井屋に現れた制産方頭取三岡石五郎と同岡嶋恒之助である。だがかれらはあせっていた。中野に対し福井藩の「国体」に関わる大事ができたので急ぎ帰国すると告げ、残り代金は自分たちが責任をもって必ず支払うから七、八月まで待ってほしいと頼んだ。大事というのは、江戸の前藩主春嶽が将軍から幕政参加を求められ、大老になる話も出ていた問題である（次節参照）。国元でも大騒ぎになり、そのため町奉行の長谷部甚平から三岡へその旨の連絡が届いていた（千住家文書Ｅ―64）。三岡たちは中野をしぶしぶ納得させ、福井屋仁平も伴い引き揚げてしまう。その後は明白でない。中央での公武一和と尊王攘夷を掲げた対立が激化し、福井藩と長州藩との交易は中断される。

**外国交易と藩財政**　外国交易の進展とともに藩財政は大きく膨らんでいった。そのことは文久二年（一八六二）一一月までに限った藩の「正金出入」（次ページ表４）に明らかである。この表によれば、藩が入手した正金は同年に年貢等で得た蔵米払代のほか、三国湊の内田本家と同分家や森家などに預けた廻米の代金分、及び産物会所と制産方からの納入分に一二月までの受取予定分を含め総計二六万七八六五両に達する。対する正金の払分は、一〇月までの「札所繰入」分が一四万六〇両、同じく一〇月までの江戸入用が四万六九一四両と、この二つが大半を占め、納入元総計から差し引いた金額は六万六三四二両になる。払分には国入用など通常の藩支出が入っておらず、この差引分を

表4　文久2年11月迄正金出入

| 正金払先 | 金額（両） |
|---|---|
| 十月迄御札所繰入 | 140,060 |
| 十月迄江戸御入用 | 46,914 |
| 制産方渡シ | 4,658 |
| 御借財払 | 6,906 |
| 路銀諸駄賃 | 1,920 |
| 被下銀諸払 | 1,065 |
| （小計） | 201,523 |
| 正金納入元 | |
| 御札所買金 | 5,889 |
| 御払米代 | 35,266 |
| 内田惣右衛門納 | 25,401 |
| 森与兵衛納 | 17,156 |
| 内田平三郎納 | 8,210 |
| 御国諸上納 | 1,951 |
| 江戸諸上納 | 4,007 |
| 中将様（松平春嶽）御手当米代 | 6,866 |
| 諸産物会所納 | 82,421 |
| 諸産物会所江戸納 | 41,857 |
| 制産方上り | 18,631 |
| 加賀粟ケ崎調達 | 11,000 |
| （小計、計算値は少し異なる） | 248,665 |
| 外ニ三田村大隅11月12月納の筈 | 500 |
| 森与兵衛右同断 | 10,700 |
| 内田惣右衛門12月納の筈 | 6,000 |
| 津田彦右衛門右同断 | 2,000 |
| 正金納入元都合 | 267,865 |
| 但去酉年中上り金 | 153,711 |
| 指引　納過 | 114,154 |
| （以下朱書）内、産物上り物寄 | 145,764 |
| 御量制上り其余共 | 102,897 |

（注1）「文久2年11月迄正金出入」（松平文庫851）より作成。
（注2）年代は「都合」欄に「去酉年」とあることから推定した。

もって年間収支とすることはできないが、ともかく正金が大量に手元に残り、藩財政に随分余裕が出てきたことは間違いない。産物会所からの納入が好調で、国元分と江戸分及び「制産方上り」を含めると約一四万三〇〇〇両にもなっていたからである。

当然ながら正金のうちかなりの金額は外国交易によるものであった。そのことは文久三年の「両替金覚」（松平文庫八五一）に明白で、それによれば、藩は前年から同年四月までに「両替封金繰入」として一五万両余を確保したが、その四割を超える六万両余は洋銀の換金で得ていた。また、表4の「正金納入元」に「諸産物会所納」と「産物会所江戸納」が列記されているが、前者は長崎交易、後者は横浜交易を含んでいると推測できるだろう。文久期には産物会所を通して藩の国産物を中心とする専売策が大きな成果を挙げていたといえる。

## 四　松平春嶽の政事総裁職就任

**東北論争と和解**　福井藩にとって万延元年（一八六〇）は新たな「国是（藩方針）」を確立した年である。安政の大獄による苦難から二年、前藩主松平春嶽を支え、君臣一体となり富国強兵という明確な展望をもって歩み出した。だが、そこに至るには「東北行き違い」と呼ばれる厳しい論争があった。横井小楠の思想に結集して理想的な藩体制を目指す動きと、そのためにも新藩主茂昭を盛り立て体制固めを図るのが先決とする家老たち、それに対する江戸で謹慎中の春嶽の批判がからんだ、三つ巴の激論である。とりわけ新藩主派と春嶽との人事をめぐる対立が厳しく深刻であった。

直接のきっかけは安政六年（一八五九）一一月、春嶽に近侍する小姓頭取の香西敬左衛門が郡奉行に任命され帰国したことであった。江戸の春嶽には、この人事が翌万延元年三月に入部予定の藩主茂昭に従って帰国する家老本多飛驒などによるとみて不満を露わにした（『書簡集』一七二）。香西は翌万延元年閏三月一四日、春嶽付の側向頭取見習に任じられ江戸詰に戻るが、両者の対立は国元で進む殖産興業策と相俟って紛糾していった。当時無役に近い形で福井に戻っていた中根雪江が春嶽に藩内事情を伝えていたことも家老たちの神経を苛立たせた。その傾向は万延元年後半ますます深刻になった。国元で制産方頭取三岡石五郎の郡奉行案や大井弥十郎の目付案、その他多くの人事が取り沙汰された。そのうち中根が春嶽に「内訴」したとの噂が出て、家老たちは「政府之権」が国元と江戸のどちらかといきり立った（「秘書（中根雪江筆）」福井市春嶽公記念文庫）。

もっとも、小楠はこれらの対立を「大いに好都合」と楽観視するところがあった。そして、その通り一〇月一五日、事態は一挙に氷解する。その日は徹底した「大議論」が続き、「昼夜の如く打替わり、執政初め落涙にむせび、十分之開明」になったという。それも単なる人事案件に止まらず、藩体制や藩政の基本方針をめぐる内容濃いものだった。直ちに家老松平主馬と目付千本藤左衛門が江戸の春嶽の所へ向かい、事の次第を報告した。その結果「臣は君に御断を申し上げ、君は臣に過を謝せられ」と互いに心うち解けあい、「東北君臣合体」「臣民統一」が一挙にでき上がった（『小楠遺稿』書簡一一二）。

論争の終結で、小楠は次に述べる藩是「国是三論」の執筆目処がつき、藩は殖産興業を柱とする「新政」に向かって動き始める。「問屋一条」（産物会所設立）の決定後、「郡政を初め、家中之仕置、強兵之手段等」を進めていった。人事では翌年正月二二日に保守的な狛山城が家老に、中根雪江も側用人に復帰し重役たちの一致体制ができた。

**「国是三論」** 「国是三論」は小楠が理想とする「公共の道」による天下の「経綸」を、現実的な「国（藩）」の目標としてまとめたものである。小楠が家老以下の藩の「諸有司」と議論した「旨趣」を中根雪江に記述させたという。「三論」は「富国論」「強兵論」「士道」のことで、内外の危機に対応するかたちで、為政者としての武士の立場から各論ごとにそれぞれの理念や対応策が問答形式で語られる（『小楠遺稿』論著六）。

もっとも重視されるのが「富国論」である。ここでは幕府の鎖国策の非を説き、開国・通商の意義が強調された。そして、万国と交わる器量があってこそ日本国が治められるのであり、それなくしては一国一職も治められないとし、また、外国と信義を守り通商すれば、君主はその財用を通じて仁政を施すことが可能だとした。具体的には繭糸を外国に販売して正金を得ることをあげ、そのために資金を庶民の労働力、生産力に応じて貸与し、生産品を外国に販売する方法を説明した。その利益を可能な限りかれらに還元するという民富論に立ち、結果として「国を富ませ士を富ます」という主張である。

「強兵論」は世界列強の大勢を説いて海軍の創設・強化を説くものだった。ただしここでは具体的な方策までは触れておらず、まずは武士が海と船に慣れ、あるいは航海技術を学ぶことを進める程度に終わっている。「士道」では、現状の「文武」は経史・古典に通じるだけ、「武」もまた武術を誇るだけだと批判した。その立場から今の学校は「治教に益なし」と、案に明道館教育を指して手厳しかった。そして、何よりも「人君」が率先して「徳」を磨き、中国古代の堯・舜の治世を理想とし実践すること、家臣はその意を体してそれぞれの職分に励むことだとした。

対外問題を含めた支配のあり方を、儒学に基づく藩の立場から民政と財政をからめて説明し、しかも現実に進行している藩政のなかで実現可能な課題として論じているところに意義がある。春嶽自身、この新藩是によって藩内での立場「政治的復権」を果たし、以後自信をもって中央の政局へも目を向けることになる〔高木不二 二〇〇九〕。

付記すると、「国是三論」は万延元年（一八六〇）末の段階では、福井、江戸ともになおこれをめぐる議論が続き、定まったのは翌文久元年（一八六一）春のことであった。またこれについては現在数種の写本が知られるが、何れが底本となるかは確定されていない。それに記述の順序が「強兵」と「士道」が逆だったりするなど注意が必要である（『激動と福井』50）。

**春嶽、小楠と対面**　春嶽と小楠の二人が直接顔を合わせたのは文久元年四月のことである。春嶽は安政五年（一八五八）七月の隠居・謹慎によって小楠との面談が果たせないままだった。しかし、六年後半以降、少しずつ気力を回復し小楠への期待を復活させていった。万延元年一〇月に東北論争が解決し、「国是三論」のことを知ると強く小楠の上府を求めた。

かくして小楠は文久元年三月三日に春嶽付側向頭取となった萩原金兵衛とともに福井を発ち、四月八日に江戸に着いた。その午後、春嶽は袱紗の上下に着替えて御座の間で挨拶を受け、後書斎に移ってすぐ側「斜めニ」着座した。春嶽は小楠を「先生」と呼び、実に丁重である（松平文庫七〇五）。

九日には早速研究があったらしいが、本格的に小楠を囲む勉強会が始まったのは一三日以降である。その日は参勤交代で先に上府していた藩主茂昭も来邸して加わり、「四書」のうち治世の基本を説く「大学」の会読を行った。家老の酒井外記以下、中根雪江・酒井十之丞・村田巳三郎・桑山十兵衛・萩原金兵衛等の側近たちも勝手次第と陪聴が許された。正午頃から夕刻前まで続き、その後酒が出て、「小楠始め一統大酔」だったという。以後小楠はほぼ一日おきに春嶽の前に出て会読や講義、閑話等で時間を過ごし、「学術の要領至極に御了解成らる」と喜んでいる。家臣たちも余裕があれば加わり、一〇名を超えることもあった。用いたテキストは「大学」のほか「書経」や熊澤蕃山「集義和書」、藤田東湖「常陸帯」などである（同）。

小楠にとっても充実した日々だったようだ。その間の六月二九日には幕臣勝海舟（麟太郎）が来て初めて対談し〔松浦玲二〇一〇a〕、七月一五日から一八日まで横浜見物に赴いた。八月一一日にはやはり幕臣の大久保忠寛と会っている。八月二〇日、小楠は惜しまれながら江戸を発った。約一か月福井に滞在し、一〇月五日に藩の書生松平源太郎（正直）・青山小三郎（貞）ら七人を連れ熊本に戻った。今度もまた藩の有為の青年を伴っての帰国であった。

**公武合体運動**　さて、万延元年（一八六〇）三月三日、大老井伊直弼が桜田門外に倒れるや、国内情勢は大きく変化し始める。幕府の権威は失墜し、一方で京都の尊王攘夷運動が息を吹きかえした。この状況に幕府老中安藤信正は朝廷と結んで体制の安定を図るべく、一四代将軍家茂と孝明天皇異母妹和宮との婚姻を実現させた。公武合体である。

かつての開明的な有志大名や幕臣たちも動き始めた。先頭に立ったのが薩摩藩である。文久二年（一八六二）四月、藩主島津忠義の実父久光（三郎）を中心に大久保一蔵（利通）などが主導し、京都に上った。そして藩兵を誇示しながら安政の大獄で処罰された公卿の赦免、更に一橋慶喜と前福井藩主松平春嶽の幕政登用を主張し、勅命によって実行させるよう朝廷に働きかけた。その結果、同年五月、攘夷論者の公卿大原重徳が勅使として島津久光と薩摩藩兵を伴って江戸に下る。それより前の一月には尊攘過激派が安藤信正を坂下門外で襲っており、勅使たちは強気であった。

**春嶽、自由の身**　春嶽の生活は横井小楠が江戸を去ってからも特に変わることがなかった。文久元年（一八六一）一〇月一〇日に藩が幕府から新しく預けられた江戸湾内海芝のうち番号二・六の二か所の台場警衛に注意し、側近の中根雪江や村田巳三郎、それに制産方御用で出府していた佐々木権六などとは折に触れ用談を重ねた。佐々木は一一月二日に近習となり、春嶽には西洋の知識や技術を知る恰好の相手であった。学問は前年七月以来「御講書御相手」を勤める奈良元作と連日のように「集義和書」の講究を続けた。天候がよければ外に出て乗馬や短銃・鉄砲稽古に励み、一二月一一日には常盤橋と霊岸島の両邸総家臣の武術試合を行わせたりしている。

文久二年四月二五日、「思召御旨もこれ有り候ニ付、先年御不興之筋は悉皆御容許遊ばされ候」との書付が幕府から届いた（『慶永家譜』）。これで春嶽は安政五年（一八五八）七月以来の処分が完全に解除され、行動も全く自由となった。この前後かつて一橋派として同じく処分された一橋慶喜や土佐山内容堂なども許された。

**政事総裁職就任**　五月七日、春嶽は江戸城に上って将軍家茂に拝謁した。その際、別紙をもって「以来御用筋これ有り候間、折々登城致すべし」との下命があり、翌日から早速登城が始まった（『慶永家譜』）。問題は揺らぐ幕府の再建と外交問題、それに京で高まる尊王攘夷運動への対応である。ところが幕閣は旧態依然だった。失望した春嶽は一八日には頭痛を口実に登城を断る。

六月七日、京から勅使大原重徳が兵を率いた薩摩島津久光とともに江戸に到着し、事態が緊迫した。一〇日、大原は登城して一橋慶喜の将軍後見職と春嶽の大老職への登用を含む幕政改革を求めた。春嶽は事態に驚き藩邸に籠もったりする。国元から家老の本多飛騨や松平主馬、それに長谷部甚平・村田巳三郎なども駆け付け、連日その対応をめぐり会議を繰り返した。このとき長谷部は制産方が関わった製茶を自慢し、春嶽もその「国産新茶」を将軍家や一橋慶喜に献上し、来邸者・知人達にも披露し送ったりした（松平文庫七〇五）。かれらの殖産政策の自信と前年の東北論争の熱気が加わり議論は盛り上がったと思われる。

横井小楠も呼び寄せた。熊本から福井へ向かう途中だったかれは疋田（敦賀市）まで来て足を翻し、七月六日に江戸に入った（松平文庫七〇五）。小楠を交えて協議すると、今度は一気に幕府案の政事総裁職承諾に傾いた（『再夢紀事』）。春嶽は、小楠が到着して「万事都合宜」しく、「惣裁之名義御請之義も先生へ申し談じ御請け」と国元の茂昭宛書状に書いている（『書簡集』一六）。

七月九日、春嶽は登城して将軍家茂から政事総裁職を拝命した。なお、当初は大老職案であったが、福井藩側は家門である当松平家の家格にそぐわないと断り、その結果、政事総裁職を新設することになったという。大老は譜代大名の家格であるというのが理由である。ともあれ、春嶽は江戸城内でも特別の扱いで「威勢大老職よりも超越」し（『奉答紀事』）、それは春嶽政権とも呼べるほどだった（高木不二 二〇〇五）。

**小楠「国是七条」**　春嶽は島津久光やその後上府してきた土佐山内容堂たちとも連絡を取り合い、幕政改革に動き出した。老中たちに従来の幕政は単に幕府のための「私政」に過ぎないと批判し、将軍が上洛して朝廷に詫び、公武一和し「天下之公論」に基づく幕政改革を進め、対外問題に対処すべきだとする立場である。そんな中、小楠の存在は幕閣たちの注目するところだった。小楠は春嶽が政事総裁職に任命される前日の七月八日、中根雪江とともに幕府側衆（御用取次）となった開明派の大久保忠寛を訪ねて意見を交わし、以後幕閣や一橋慶喜などは次第にかれの意見に耳を傾けるようになる。

八月二七日、大目付岡部長常に招かれた小楠は、かれに当面する諸課題について詳しく述べた。幕政の現状では「動乱」に及び「滅亡」もあり得るとし、第一に将軍が上洛して朝廷とともに天下の人心を治めることを挙げ、次いで諸侯の負担となっている参勤交代の緩和や妻子の帰国、また大名の政治参加、更に海軍の強化、及び幕府と諸侯の協同による外国交易の推進を順に説明した（『再夢紀事』）。感服した岡部は早速幕閣に伝え、それからかれらの改革への態度も変わり出した。参勤交代の緩和と妻子の帰国は翌閏八月に実施され、将軍の上洛も決定される。

ところで、小楠が岡部に語った内容は、実は小楠が政事総裁職春嶽に献策した「国是七条」とほぼ同じである（『小楠遺稿』建白類八）。部分的には先に大久保忠寛に語ったことに通じ、春嶽もすでに似た主張をしていたが、「国是七条」はそれらをまとめたものといえる。しかも当時におけるもっとも先進的かつ要領を得た幕政改革論であった。なお、小楠が岡部に対し、ここで述べたのは「越前一藩之定議」であり、春嶽は政事総裁職としてこれが幕府内で議論されることを望んでいると語っていた。「国是七条」は福井藩における藩政改革の成果であり、それを幕政にも適用させようとしたとも言える。

## 五　挙藩上京計画とその挫折

**藩体制の強化と富国強兵**　すでにみたように、文久期（一八六一～六四）の福井藩は、経済的・政治的に目覚ましい躍進を遂げ、それに伴い藩挙げての体制の強化も更に図られた。特に目立つのは職制トップで通常五人とされた家老の増加である。東北論争が和解し藩是も確定した直後の万延二年（文久元年）正月二二日に狛山城を任命、八月一九日に退いていた本多修理が再任され、同じ日、新たに岡部豊後・芦田信濃・杉田五郎兵衛の三人が任命された。前年の四人から九人になったわけで、家老職が長く革新的な本多飛驒や松平主馬に加え、穏健あるいは保守的な人物たちも結集した、強力な藩体制を目指したのである。

今一つは「町・在・勘三局一致」といわれた町政と農政及び財政の統一した支配である（『小楠遺稿』書簡一二八）。この考えはかつて安政四年（一八五七）の藩政改革時に実施されたことがあったが、不十分なまま中止された。それを小楠が殖産興業に併せて強く求めたわけである。また農政を重視し、郡奉行の人選に力を入れた。文久元年三月三日に制産方頭取の三岡石五郎を御奉行見習とし、一一月には郡方にも関わるよう命じたのはそのためであろう。二年三月に西洋技術に長じた佐々木権六を郡奉行とし、目付の村田も同年九月に郡奉行兼任とした。

この時期、藩は富国強兵にも力を入れた。春嶽は政事総裁職となって一か月もすると、幕閣の「因循」、将軍後見職一橋慶喜の「私智」にあきれ、一時は引退を考える。そして八月二六日、福井の茂昭宛書状で、今後は国元の「政事」に力を尽くし藩の力を貯えたいと伝え、「練兵・散財・富国・強国」の四点を目標に示した（『書簡集』二一一）。

具体的に提起したのは横井小楠である。文久三年、後述する挙藩上京を見据える中、三つの事業を挙げた。すなわち運輸体制強化のための蒸気船の確保と安島浦の開港、及び農兵の採用である（『小楠遺稿』論著七）。このうち蒸気船は同年五月、アメリカから「蒸気商船」黒竜丸を大金一三万ドルで購入した（約八万七〇〇〇両、「御維新前御改正記」越前史料）。藩の年間常用収入を超える金額であったが、産物や人員の大量運送のみならず軍用にも利用できると判断したのだろう。

安島浦の件は先例があったが（第二節）、佐々木権六が三年六月八日に「安島浦御普請御用掛り」となり、大々的な波止場建設に着手した。これにはかれの下で一番丸建造に関わった制産方頭取加藤藤左衛門が加わり、三国湊の豪商内田家や森田三郎左衛門家に協力させ、作業には地元の海女たちも動員した。もっとも、難工事かつ政局の混乱から容易に工事は進まず、結局、明治二年（一八六九）八月に中止となった。

**藩と領民**　横井小楠のいう三大事業のうち農兵の取立は、文久二年（一八六二）九月八日、春嶽の政事総裁職就任を機に、家中・領内の引き締めと軍事力強化を求める一環として調査を命じることから始まった。早速一三日に村々の若者を農兵に取り立てる布達を出し、年度内には一定の人数を確保したようである（「茂昭家譜」）。こうして百姓・町人も新規藩政策の中に取り込まれていった。領民への経済的な負担も起こった。後述する挙藩上京の決定に際し藩は三年六月一七日、春嶽と藩主茂昭が「天下之御為」に上京すると説明し、嘉永期（一八四八～五四）以来なかった御用金五万両の徴収を領内へ命じる（『福井市史6』一三七七）。

藩の立場は経済政策に領民が納得せず従わなかった場合、一層厳しく現れた。端的に示すのが越前和紙の産地である今立郡五箇（越前市）の紙漉職たちの休職問題への対応である。

越前和紙は一九世紀に入ると各地新興産地の勃興や流通形態の変化によって振るわなくなり、紙漉職たちは楮・三椏等の原料や諸道具の確保にも苦しむようになった。そこで藩は安政四年（一八五七）、五年間の期限付で原料を生産者に貸与し、製品の売払い代金で回収する趣法に踏み切った。おかげで生産が維持され、万延元年（一八六〇）閏三月、前年焼失の江戸城本丸普請の見舞いに五箇の鳥子紙五〇万枚を献上できた。ところが、藩は同年末に産物会所を設けると、五箇の紙会所も産物会所同様と心得るよう命じ（岡本村史　一九五六）、そのため自由販売ができず売れ行きが悪化する。文久三年、将軍上洛などで京が売れ筋だったが、やはり販売が叶わなかった。やむなく漉屋・年行司たちは「寄合」の上、「今暫ク休職」したいと藩へ願い出た。

これに対して藩役人たちは激怒した。紙会所年行司や同掛りなど三二人が、五月七日、産物会所担当の御奉行三岡八郎（はちろう）（石五郎から改名）や三人の郡奉行及び郡方吟味役などの居並ぶ役所へ呼び出されて激しく詰問され、紙漉職取上げの申渡しをうけた。一〇日には紙漉用の簀桁（すげた）も没収された。貸与されていた原料残りの楮も返却させるなど、藩権力をバックに問答無用の厳しい処分である。このときの理由は、休職願の願書に「異人到来故世柄（よがら）騒々敷（そうぞうしく）、右に就き奉書紙大キニ下落ニ及び難渋」との文言があったことだった。当時福井藩は積極的な開国交易を主張し、京での激しい攘夷運動に対処すべく、挙藩上京を準備していたときである。三岡たちはかれらの休職願にかかるその文言を、開国論に立つ藩政策への批判と捉え許せなかったのであろう。

奉行たちの怒りに紙会所役人や漉屋共は仰天した。五月一五日、五箇の全漉屋から一般の百姓・寺院まで、すべて閉門（へいもん）・謹慎して藩へ詫びを入れ、六月二八日にようやく処分は撤回される。もっとも年行司だけは一時入牢（にゅうろう）となり、また三か村の年行司は「重罪」とされ村追放となった（『今立町誌二』二―九―五）。こうしてこの一件は落着するのだが、ここでの三岡は小楠思想に傾倒し民富を重視する人物ではなく、きわめて強権的な役人として登場する（高木不二 二〇〇五）。幕末福井藩が誇った民富論に即した藩政はこのような側面も持っていたのである。

**春嶽の上京**　春嶽が政事総裁職として江戸で幕政改革に動き出した文久二年（一八六二）後半、政治の舞台は江戸から京都に移ろうとしていた。天皇・朝廷は外国との条約を破棄して鎖国に戻ることを望み、それを支持する「破約（はやく）攘夷（じょうい）」、「尊王攘夷」を唱える運動が高まっていた。

一〇月、孝明天皇は将軍家茂に攘夷を決定して諸大名に布告することを求めた。また独自に西南地域を中心とする一四藩大名に上京を命じる「内勅（ないちょく）」を伝えたが、すると内勅のなかった大名も続々上京するようになった。対して幕府も将軍自ら上京して朝廷に説明し、主導して事態を乗り切るつもりであった。一橋慶喜や春嶽も当然随従することになる。なお、春嶽も唱えた「破約攘夷」論には単なる条約改正から攘夷実施まで多様な意見があったが（佐々木克 二〇〇四）、春嶽は横井小楠の意見を入れ、朝廷・幕府・有志大名等一体となって議論し、一旦条約を破棄した上で理非を論じ、改めて開国を図るべきとする立場であった。そのことを通して新たな公武合体・公武一和の体制を構築すべきとしたのである。ただし、もし朝廷の攘夷の意志が固いときは将軍は大政を返上すべしとした（『続再夢紀事』）。大政奉還論はすでに幕府大目付大久保忠寛が主張するところであったが（『春嶽全集二』「逸事史補」）、春嶽もかれの論に賛同していた。

一二月、曲折はあったが翌春の将軍上京が決定され、春嶽は一橋慶喜と同じく、先に入京して将軍を迎えることになった。翌三年一月二三日、春嶽は品川から勝海舟指揮の幕府軍艦順動丸に乗り、大坂を経て二月四日に京都二条の藩邸に入った。

藩は春嶽の初入京に万全を期すべく全力を挙げて準備した。先に村田巳三郎が江戸から京に入って準備にかかり、国元からは長谷部甚平、三岡八郎などが京・福井間を何度も往来して支度を調えた。このとき、産物会所元締の山口小左衛門と、府中町を代表する打刃物問屋で府中制産役所を起した同じく産物会所元締の松井耕雪の二人も藩勝手役産物会所掛りと共に京都に向かった。二人は長谷部や三岡の指示を受けて文物・道具類の調達に尽力したが、松井はかねて交流のあった京の香具商熊谷久右衛門を介して同地の文人たちとも親しく、大いに役だったようだ（『逍遙園資料』）。制産方・産物会所を通した人的広がりが春嶽の政治活動の下支えにもなったのである。

なお、春嶽の入京には横井小楠も随行する予定であった。だが、かれは前年一二月一九日、江戸で熊本藩士との酒宴中に同藩の刺客に襲われ、無帯刀を理由に逃げ帰った。そのため熊本藩から武士にあるまじき所行と罰せられる危険が生じ、春嶽の計らいで密かに福井に戻った（士道忘却事件）。

**失意の帰国**　ところで、京都の情勢は春嶽たちの理解を超える攘夷論の嵐だった。加えて生麦事件の償金問題やイギリス艦等の大坂湾乗り入れへの対応、それらとからむ横浜港の閉鎖問題で加熱していた。一橋慶喜や老中たちは定見を持たず、春嶽の意見も空を切るばかりである。

春嶽はあせった。しばしば一橋慶喜や松平容保（会津藩主・京都守護職）、幕臣で大目付の岡部長常や京都町奉行永井尚志、それに山内容堂・伊達宗城・鍋島閑叟などと会談し、御所への参内、二条城での会議等精力的に動いた。しかし慶喜や幕閣たちの姑息さが目立ち、攘夷論への対応策が見えない。策尽きた感の春嶽は二月晦日、重臣を集め意見を聞いたものの、結局近く上洛する将軍を待って総裁職の「辞表」を出すことに決めた（『続再夢紀事』）。

将軍家茂が入京したのは三月四日である。その前日、春嶽は大津に出て将軍を迎え、それまでの経過を説明して公武一和が到底見込みないことを訴え、更に次のように言上した（『同』）。

方今の状態を顧るに、道理に依りて事を成すへきにあらさるものあり、故に此上は将軍職を辞せらるゝ外なされかたあらさるへし、春嶽も道理の行はれさる世に立ちて重職を穢すへきにあらされは、速に職を辞する覚悟なり

云々、

攘夷論の嵐の前に「道理」に基づく政治は望めず、公武一和は絶望的だと述べ、将軍の大政返上と自身の辞職をもって警鐘を鳴らすしかないとの訴えである。実際その後は春嶽の言う通りで、三月一一日には天皇が賀茂社へ行幸して攘夷を祈願するが、家茂も供奉する羽目になる。春嶽はその二日前の九日に辞職願を出した。

二一日、春嶽は失意のまま無許可で京を発った。もっとも、周囲の家臣たちはむしろ意気軒昂だった。その日、村田巳三郎・出淵伝之丞等の「壮士」四〇人余が「仰せあげ捨て」で構わないと主張し、まとまって武家伝奏方へ押しかけ「愁訴」する。多人数列参のことは当時朝廷や各藩で流行していたが、かれらもその風潮に乗り志士気取りの要求であった（『続再夢紀事』・『奉答紀事』）。一行はその勢いで胸を張って春嶽を供奉し福井へ帰って来た。

**挙藩上京計画**　帰国してから一か月ほど、藩内に目立った動きはなかった。春嶽は横井小楠とは二九日に会って以降、四月二五日まで顔を合わせていない。だが、小楠や家臣たちは新たな準備にかかっていた。四月一五日に茂昭の名で近隣の加賀藩へ家老本多飛騨や三岡八郎、小浜藩へ家老松平主馬や長谷部甚平を送り、京での攘夷問題への対応につき協議を申し込んだ。結果は両藩とも協力的であったという。けれどもこれに春嶽が十分納得していたかどうかは疑わしいところがある。かれらが出発の前日、同じ城内の茂昭にわざわざ書状で、この使命は重大であり、間違っても不謹慎に幕府役人を誹謗したりすることのないよう、申し聞かせてほしいと書き送った。春嶽は使節派遣に反対はしなかったが、家臣たちの独走に危惧し始めていたのかもしれない（『書簡集』三九）。

五月に入ると動きが活発になった。春嶽は七日に中根雪江、八日に千本弥三郎・堤五市郎を情報収集や新たな提案のため京へ派遣した。一〇日に着京した中根は早速一三日に老中板倉勝静を訪ね、春嶽の考えを文書で伝えた。強調したのは、日本は先に開港条約を破棄する「破約攘夷」を国是と決定したが、それには朝廷の信頼する「諸侯」以下、「諸藩の有志」や「草奔の輩」までが参加して議論し、また列強とも議論すべきだといったことである（『続再夢紀事』）。「一大公会議」とも評される、誰もが参加できる開かれた会議の提案であった〔高木不二　二〇〇五〕。

しかしながら、状況は変わらなかった。間もなく幕府は生麦事件の償金をイギリスに払って同国との関係を繕い、また朝廷の攘夷実施要求を認めた一橋慶喜は江戸に戻って辞職、一方で長州藩は攘夷実行と称し下関で米商船を砲撃し始める。福井の春嶽や小楠たちは決意した。幕府が国を治める「大権を抛棄」している以上、もはや藩兵を挙げて京都に入り、その力を背景に朝廷に言上し、在留の列強「異人」を京都へ呼び寄せ、開国か鎖国どちらかに決定させるとの決断である。一藩挙げて「身を捨て家を捨て国を捨る」覚悟で臨み、熊本藩や薩摩藩など有力数藩の協力も得るつもりであった。朝廷のもと、兵力を背景に一気に「天下ノ勢一変」させ、「新政を興すべき」と言い、クーデターに近い計画である（『小楠遺稿』書簡一四六、『続再夢紀事』）。
五月二二日には家臣団の軍団編成に取りかかり、二八日には上洛心得等が発表された。出立予定は一応六月一一日となった。同月一日、春嶽と茂昭は本丸に家臣団の総登城を命じ、一七歳以上を出動の節召し連れると告げた。四日には先遣隊として番組頭牧野主殿介に一組の兵をつけ京へ送った（松平文庫七〇五）。出陣予定は次の五隊で、指揮者もそれぞれ決定した（同七八九）。

一番手　本多飛騨（家老）
二番手　松平主馬（同）
三番手　当公（茂昭）
四番手　老公（春嶽）
五番手　岡部左膳（家老）・酒井十之丞（側用人）

総人数は先の横井小楠書状には、選りすぐりの若者に精錬の農兵を三隊に編成し、「大抵四千余」とある。実状は当時の福井藩家臣団の士分と下士合わせておよそ二七〇〇人、それに荒子・中間など小者約九〇〇人を加えて計約三六〇〇人、それに農兵である〔福井市史二〇〇八〕。

**計画の挫折と強硬派の処分**　ところが出立の見通しは立たなかった。六月一日に京から戻った中根は元来上京計画に反対であり、かつ在京の将軍家茂が大坂から軍艦で江戸へ戻ることが明らかになると、藩主茂昭は参勤交代の時期に当たるから、まず上府するのが先だと言い張った。春嶽は困惑したが挙藩上京は決定済みである。結局、一四日、「度々内外を阻絶し人心を害ひ候」との理由で中根を蟄居・隠居させることになる（『続再夢紀事』）。これより前の五月末、信頼する家老の本多修理が内願して御役御免となるなど、藩内は落ち着かなくなっていた。

**表5　文久3年7～9月 挙藩上京に関わる被処分者**

| 名前 | 役職 | 処分月日 | 処分内容 | 解除月日 |
|---|---|---|---|---|
| 本多飛驒 | 家老 | 7月23日 | 役御免・指控 | 7月29日 |
| 千本藤左衛門 | 目付 | 〃 | 役御免・指控 | 7月29日 |
| 長谷部甚平 | 寺社町奉行 | 〃 | 役御免・遠慮、8月3日蟄居 | |
| 松平主馬 | 家老 | 7月25日 | 役御免・指控 | 8月 1日 |
| 村田巳三郎 | 目付兼郡奉行 | 8月 1日 | 側物頭へ配転 | 8月21日 |
| 三岡八郎 | 御奉行兼郡奉行 | 8月29日 | 蟄居 | |
| 牧野主殿介 | 大番頭、用人兼勤 | 9月11日 | 役御免・指控 | 9月17日 |

（注）『藩士履歴』より作成。村田の解除月日は推測。

それから一か月、やはり出立の日は定まらなかった。表向きはなお上京決行の予定である。七月五日、家老岡部豊後・側用人酒井十之丞・御奉行三岡八郎たちは、藩の汽船黒竜丸で熊本藩・薩摩藩へ向けて三国湊を出航した。挙藩上京の理解と協力を得るためである。一行は日を費やしながらも一定の成果を得て帰国するのだが、その途中の八月二一日、長崎で熊本へ引き揚げる横井小楠と出会い、国元の大変動を知らされ愕然とする（『福井市史5』二六六）。挙藩上京計画が中止され、主導者たちが処分されていたのだ。

実は中根らに続いて上京していた目付村田巳三郎が七月六日に福井に戻り、京の状況は見通しが立たず出兵は時期尚早と報告した。そこで横井小楠も納得して村田を再度上京させることにし、かれは一〇日に出立した。だが春嶽の心はゆれ動いていた。六月二五・二六・二七日と小楠と会って以後顔を合わせなくなる。そのまま七月二〇日頃に小楠抜きの会議を行い、二三日、中止を発表してしまうのである。同時にその日を皮切りに上京積極派の処分を行い始めた。かれらの名前と処分内容は表5の通りである。

**長谷部と三岡の場合**　処分を一度に行わなかったのは、出張中の者には帰福後としたためと思われる。またこのうち長谷部・村田・三岡を除く四人は処分理由が単に「思召」とあるに過ぎなかった。役職を取り上げたものの、それ以上の処分は考えなかったようだ。「差控（さしひかえ）」を命じただけで、それも一週間内で御免としている。ただし、長谷部と三岡は別格であった。長谷部へは七月二三日に御役御免の上遠慮、八月三日に再度しかも重罰が下った（『藩士履歴』）。

> 勤役中近来別して我意ニ募り、自己の取り計らい等もこれ有り、品々御政道ニ相触れ候儀共追々御聴に達し不届ニ付蟄居仰せ付けられ、伯父協へ家督相続仰せ付けらる、

自分勝手で家臣としては許されない「政道」に触れる計らい方があったというのが理由である。当時長谷部の名は内外に高かったが、かれは役職及び功績のすべてを取り上げられ、隠居・謹慎とされたのである。

三岡へは九州から帰藩した同月二九日に長谷部と同様の処分があった。ただし、春嶽はかれの方が長谷部よりもはるかに「心術の姦計」甚だしく罪が重いとみていた（『書簡集』一七九）。小楠思想をかざして君主の有りようを主張するなど、家臣としての分を忘れた言動が許せなかったようだ。なお、二人とも家屋敷を替えられ、長谷部は三岡がいた足羽河畔の住居に移り、三岡は川から毛矢町の少し南へ奥まった所に移された。

春嶽は、九州へ同行した岡部豊後と酒井十之丞も三岡とともに処分の予定であった。だが二人は説諭を受けて「改心」が認められたらしく処分されなかった。他に用人兼奏者の荒川十右衛門や斎藤民部・松平源太郎など七人ほども退役させたかったようだ。しかし、藩内があまり「騒ケ敷」なるのを嫌い手を付けなかったという（『書簡集』一七九）。なお、村田巳三郎は八月一日に目付から側物頭に転役となった。だが八月二一日には上京を命じられ、しかも在京中は従来通り「目付本役同様」の扱いであった。従ってかれは処分と言うよりは戒めに近い扱いであった。

このような事態に横井小楠も諦めるしかなかった。六月の中根失脚には「雨降りて地堅(固)まり」とむしろ安心する方だったが（『小楠遺稿』書簡一四九）、その後は次第に春嶽や反対派から疎まれ、かつ頼りとするかれの信奉者たちが処分されるに及んで、福井での居場所がなくなった。八月九日、一応穏やかな形で春嶽・茂昭による別れの宴がもたれ、

一一日に熊本へ帰って行った。帰ると士道忘却（しどうぼうきゃく）事件の罪を問われ、一二月一六日、知行（ちぎょう）召上げと士籍（しせき）剝奪の上、沼山津の自分屋敷に蟄居となった。安政五年（一八五八）の小楠来藩以後、かれの指導に沿い政治的にも経済的にも躍進した福井藩は、ここに一大頓挫を余儀なくされたのである。

# 第三章　政局の激動と福井藩

## 一　藩体制の再確立と軍事出兵

**殖産事業の縮小**　文久三年（一八六三）七月、福井藩は挙藩上京を固持する家老以下を処分することにした結果、藩体制の再構築が急務となった。しかも藩主茂昭は江戸への出立が迫っていた。春嶽は七月二六日に寺社町奉行長谷部甚平の後を平本但見とするなど、すでに手をつけ出していたが、八月八日、今後の処分の扱いや藩政の運営について茂昭に「覚書」（『書簡集』二〇〇）のかたちで示すことにした。それは、処分から外した家老岡部豊後や側用人酒井十之丞が改心しない場合の扱い等は茂昭の出発までに相談する、また茂昭留守中の藩政はすべて春嶽に伺いの上進めさせる、これらを茂昭が家老以下の重臣たちに指示しておく、といった内容である。茂昭を差し置き藩政に口出しするのを躊躇しながらも、結局は自分の意見を承知させ、今後の藩政を監督する姿勢を明白にしたかたちである。

ところで、処分で沈滞していた藩内だったが、間もなく京都で薩摩藩が八月一八日の政変を起こしたことでくすぶり始める。牧野主殿介など先の上京積極論者たちが再び動き出し、処分の撤回や春嶽・茂昭の上京などを主張し始めたのである。一〇月になると、京の事情を知る家老や長谷部甚平・三岡八郎などの被処分者も側近に加えて連れて行くべきとの声が高まった。しかし、春嶽はかれらを「暴論家」とみなし、断固として認めなかった。結局、中根雪江など眼鏡にかなった者だけを連れ、同一三日京へ出発する（『同』四二）。

だが、そうなるとこれまで成果を挙げてきた殖産興業策も評価されなくなり、それは一〇月三日、制産方を郡役所の付属とする達しで明白になる（『福井市史6』一三七九）。それまで制産方勤めであった奥村桐之丞など五人は郡方吟味役となった。同月二四日には制産方が担当してきた事業も次のように取扱いが変更された（「茂昭家譜」）。

①長崎定宿　下関定宿　敦賀定宿　宿浦役所　　以上、勘定所取扱い
　一番丸　震風丸　黒竜丸
②人参　　郡方取扱い
③銅山　山蚕　元結　　従来通り製造方取扱い
④豕　綿羊　やぎ　牛　鶏　　希望者に渡す

①の三つの定宿は制産方が他国交易を進めるため設けていた出先兼宿泊所で、長崎と下関は福井屋、敦賀は藩が古くから扶持五〇石を支給してきた同湊の豪商打它弁次郎宅の蔵、宿浦は藩が安政四年（一八五七）に洋式帆船製造のため役所を置いた三国湊に隣接する浦である。いずれも経費管理のため勘定所直轄としたのであろう。なお、三艘の船のうち震風丸は、藩が文久元年三月一八日に横浜太田陣屋で洋式小舟バッテーラを製造したことを幕府へ届けており、この船を指すと思われる。②は制産方が担当者をつけて研究させていた諸産物の一つである。③は②の人参と同じく制産方が扱っていたもので、元結は今立郡五箇特産の和紙製品である。④の豕（豚）も制産方が飼育を研究していたと思われる。制産方が多様な事業活動を展開していたことが改めて確認できるが、それらが大幅に縮小されたことになる。ただし藩は③④に関わって制産方頭取岡嶋恒之助に対し、「製造方の儀、精々相弛まず候様」と指示しており、それまでの制産方活動を全面的に停止したわけではない。それは安政五年一一月に製造方を改編するかたちで

始まった制産方がここで再び製造方に戻ったような説明となっていることからも推測できる。

**参与会議の成立と破綻**　八月一八日の政変は京の政治舞台を一変させた。薩摩兵を擁し表舞台に立った島津久光は、朝廷を中心に将軍・諸侯が一同に会して難局に当たる体制を築こうと図り、前述したように朝廷からも春嶽の上京を促す声が福井に届いた。春嶽としては複雑な心境であっただろう。逡巡しつつも結局一〇月一三日に福井を発って一八日に京に着き、再び京での活動に入った。

京の情勢は一応落ち着いていた。朝廷と幕府・諸侯が協力する公武合体・公武和議のかたちがほぼできている。だが、問題は攘夷問題にどうけりをつけ、真の開国に向けた国是をつくるかである。実はすでに八月、春嶽・久光・山内容堂・伊達宗城の四侯は上京の連絡をとりあっており、一〇月から一二月までに順次入京、一橋慶喜も一一月に入京してきた。そこで春嶽は一二月、慶喜に説いて二条城を「集会所」とし、「時勢に適する政躰を確立」する議論を行うようにした（『続再夢紀事』）。将軍家茂も翌元治元年（一八六四）一月一五日に入京する。ここに京都守護職松平容保を加えた幕閣と主要諸侯の顔が揃い、容保と四侯は朝廷から参与に任じられた。形の上では幕政に代わる新たな体制が出来上がったのである。

かくして朝廷で一月後半から「参与会議」が始まった。ところが肝心の横浜港の閉鎖案や長州処分の方法をめぐって話がまとまらない。朝廷・幕府側とも立場に固執するばかりである。三月には会議そのものが困難になり破綻、諸侯は次々と帰国していった。その間の二月一五日、春嶽は新たに京都守護職に任じられるが、結局またも苦渋の帰国をすることになる。

その後の三月二五日、慶喜は将軍後見職に代わって朝廷より禁裏御守衛総督・摂海防禦指揮という、京都の安全と大坂湾防禦を名目とする軍事権限を委ねられた。京都守護職に戻った会津藩主松平容保、京都所司代となった容保の弟で桑名藩主の松平定敬とともに、政権はかれらのほしいままになった。よって今日ではしばしば「一会桑」政権と呼ばれるようになる。

**藩主茂昭と春嶽の役割分担**　在府中の藩主茂昭は春嶽の指示で将軍の再上洛を京で待つため、文久三年（一八六三）一二月二五日に着京した。以後二人はたびたび顔を合わせていたが、翌年二月五日、春嶽は茂昭が近く帰国するのに合わせて二条の藩邸に招き話し合った（『続再夢紀事』）。

問題としたのは今後の国元の藩政についてである。春嶽が説いたのは、改めて国是を立て、「文武節倹」を第一とし、「我越国を以て皇国第一等の大信義・大強国」にしたいということだった。その上で小楠が進めた路線について、かれの「国是三論」は重視すべきだが、盲信すると綱紀が乱れ国力尽き果てると批判した。小楠説には主君が愚かなら養子を迎え君主を新たにして国家を治めるべきとの考えがあるとし、これでは君臣の名分を誤り、自分が主張する尊王敬幕の立場も世間から疑われかねないとの危機感を強くもっていたのである。

以上を踏まえ、二人は話し合った結果を六か条にまとめ、帰国した茂昭はそれを「直書」として二月一五日に家臣団へ申し渡した（「茂昭家譜」）。ここで強調したのは、今は内憂外患切迫した幕府危難のときであり、福井藩は「徳川家第一之親藩」として尽力すべきということだった。春嶽は幕府を支えて尊王に努めるから、茂昭は家臣とともに藩屏の立場を自覚し藩政に尽力するように、といった内容である。その上で各自が「文武節倹」に励み、忠勤するよう求めた。従来の小楠路線を批判し、親藩として心身共に強靱な士道を確立することに重点を置いた説明である。

**再度の処分**　ところで、「直書」発表前日の文久四年（一八六四）二月一四日、新たな処分が以下の五人に通達された（『藩士履歴』）。

家老　本多飛驒　加増知二〇〇〇石取上の上蟄居、家督は倅が相続

同　松平主馬　加増知二〇〇石取上の上蟄居
同　岡部豊後　思召により役御免、遠慮伺の上差控
大番頭 牧野主殿介　隠居の上逼塞、家督は弟が相続
目付　千本藤左衛門　足高取上、末之番外席とする

五人のうち岡部は処分が初めてだったが、他の四人はいずれも前年の七、八月に役職御免となったものの、「差控」の処分は一週間ほどで解除となっていた。それが今度再び罰が科されたわけである。しかも本多・松平に対する処分理由には次の文言があった。

（在職中）臣子之名分を忘却致し、容易ならざる儀共妄議に及び候、

「臣子之名分を忘却」とは家臣としての資格を失ったに等しく、「容易ならざる儀共妄議」とは反逆者とみなすような決めつけ方である。本多は今更なぜと驚愕し反発した。だが、あちこちその理由を聞き合わせると、本多や松平は藩主茂昭と春嶽を幽閉し、新藩主擁立を画策した疑惑があるとの噂を知り愕然とする（「本多飛驒弁解書」本多重方家文書）。根拠は確認されないが春嶽は挙藩上京を養子問題と結びつけたようだ。長谷部甚平や三岡八郎の処分理由は表向きかれらの「我意」だったが、今度は君臣の名分に神経質になり、内外へ毅然とした姿勢を示そうとしたのかも知れない。千本の場合は目付として本多や松平の「容易ならざる事件や妄議」を見過ごした罪を問われたものだった。なお、長谷部と三岡も三月七日に「又々御咎」となったようだが、詳細は不明である（『藩士履歴』）。

**人事の刷新と軍事力強化**　藩主茂昭と春嶽二人の直書が諭告されてすぐの元治元年（文久四年、一八六四）二月二〇日、藩は山県三郎兵衛と酒井孫四郎を家老に任じ、二五日には、前年一一月に蟄居御免となっていた中根雪江を公用方、側用人同様とし、再び春嶽の懐刀として活動させることにした。一〇月には荻野小四郎も家老見習とする。財政

では経験豊かな勝木十蔵を重用し、先に御奉行に就いていた出淵伝之丞に加え同年正月から五月までの間に大井弥十郎と桑山十兵衛の二人も任命、また小栗五郎太夫・岡嶋恒之助・内田閑平の三人を御奉行見習とした。

春嶽の周囲は中根雪江を別格とし、信頼できる家臣たちで固められていった。酒井十之丞や松平源太郎など家柄・能力に申分のない人物たち、それに財政・民政を知り尽くし官僚としても優れた勝木十蔵以下、また西洋科学技術に秀でた佐々木権六、長崎交易に経験を積んだ岡嶋恒之助・内田閑平・加藤藤左衛門たちである。横井小楠時代とは異なり、春嶽を頂点とする縦の関係で結ばれた人事体制が構築されたのである。

軍事面の強化にも力を入れた。前年、制産方が解消されるとそこに勤めていた制産方見習金子治右衛門など四人は製造方に任命替えされたが、やがてそのトップに元製造方頭取の佐々木権六が就いた。かれはしばらく安島浦波止場工事から離れていたが、同年二月七日製造局頭取、四月七日製造奉行を命じられ、一一月二日には更に武具奉行掛りに任じられる。佐々木と共に安島で働いていた加藤藤左衛門も四月七日に佐々木の跡を継いで製造局頭取となった。製造方が復活し、再び武器・弾薬製造部門が大々的に稼働し始めた。

**蛤御門の変と長州出兵**　元治元年（一八六四）七月一九日、尊王攘夷を掲げる長州藩は、藩兵を引き連れて上京し、会津藩主松平容保などの討伐を叫んで御所の門の一つ蛤門で会津や薩摩などの藩兵と激しく戦った。蛤御門の変（禁門の変）である。このとき福井藩兵一一〇〇人余は彦根藩兵などと共に堺町門を守衛していたが、ここへも長州藩兵の一隊が押し寄せた。激しい戦いとなり、死者五人（重傷後に死去した者を含む）、負傷者は一九人に上った。死者は大番隊副隊長津田弥太郎など武士四人と荒子一人で、負傷者には荒子一人と農兵三人も加わっていた。ただし、後の記録では死者に舟橋新村（福井市）丈助の名もあるなど、正確には確認できない面がある（松平文庫九九六）。

蛤御門の変の直後、幕府・一橋慶喜は長州討伐を主張し、七月二三日勅命を得た。春嶽は内戦が外国に乗じる機会を与え、また生活に喘ぐ人々が百姓一揆などを起こし兼ねないと反対だった。だが征長総督徳川慶勝（前々尾張藩主慶恕）の下に西国二一藩が動員され、福井藩主茂昭は副総督に任命される（第一次長州戦争）。結局、福井藩兵は八月二八日に福井を出立し、京を経て一〇月一八日に大坂へ着き、一一月二日、同地からは諸手三〇八四人、大砲隊五六二人が船で進発し、陸行の人足等を含め総勢七〇〇〇人の大部隊が一一月一一日に小倉（福岡県）に着陣した（「茂昭家譜」）。このときは全体に戦況が有利に進み、結局、長州藩側が三人の家老を切腹させるなどして恭順の態度をとった。よって一二月二八日に撤兵となり、福井藩兵が直接戦うことはなかった。もっとも、帰藩は遅れ、福井へ帰ったのは翌年三月七日のことである（松平文庫一〇二〇ほか）。

こうして長州出兵は終わったが、その後同藩の処罰を巡って政局は混乱する。長州藩内部では高杉晋作などによる再起の動きが活発であった。春嶽など有力諸侯たちは「公議」による決定を主張したが、慶応二年（一八六六）六月、幕府は強硬に戦いを始めてしまう（第二次長州戦争）。だが戦況は幕府に不利、加えて物価騰貴などによる社会の混乱が高まった。七月二〇日には大坂城の将軍家茂が病死し、幕府は撤兵するしかなかった。

いずれにしろ、福井藩としては江戸初期以来絶えてなかった戦闘を京の堺町門で経験し、その上長州戦争では大規模な出兵となり、このときは戦闘には至らなかったが、出費を含め大変な苦難を強いられたのであった。

なお、第一次長州戦争が未だ撤兵にまで及んでいなかった元治元年一二月四日、攘夷を叫ぶ水戸浪士勢が大挙美濃から雪の蝿帽子峠を越えて大野郡に乱入してきた。幕府の命令で急遽敦賀郡を除く越前五藩も出動したが、各藩とも藩主が京へ出ているなどで不在のため、福井藩松平春嶽が指揮を執った。幸い浪士勢は敦賀で加賀藩勢に投降し、戦闘には至らずに済んだ。ともあれ、越前の人々も時代の激動を直接実感することになったのである。

**夫人足と農兵**　元治元年（一八六四）九月二日、長州出兵に際し藩は軍用武器や諸物資運搬のため、領内村々へ夫人足を一〇〇石につき二人の割合で割り付けた。農兵を除く一五〜五〇歳を対象に計六〇〇〇〇人にも上る大人数である。一人一日に七合五勺の手当米と道中小遣い金二歩を与えるが、人足が八、九〇〇〇人も必要な場合は米手当を減らすという（『福井市史6』一三九七）。坂井郡上関村（坂井市）大庄屋友田伊右衛門は早速組下二七か村へ触れ、各村では庄屋以下の村役人が藩の指示通りくじで決めようとした。これに対しすんなり決定した村もあったが、九か村は大高持の順に出るべきともめ、また村で与内銀（手当）を出すこととしたものの、その銀額でもめた村もあった（『福井県史4』二一―三九）。総じて小前（小高持や無高百姓）層の反発が強く、容易に決められない村が少なくなかった。大野郡土打村（大野市）のように、くじで人足順番を決め、六〇日が過ぎれば交代することとし、人足賃も一人一日銀三匁と定め、出立前に五〇日分を前渡しするなどといった村規定を設けたところもあった（『大野市史3』五七―一八）。

　百姓たちは家や村存続の立場から、無理な負担にならないよう懸命だったのである。しかし、陣夫である以上、堺

写真7　帰還御礼絵馬（表・裏）

町門守衛のときのように戦乱に巻き込まれ、死傷する場合もある。それだけに無事に帰還できたときは喜びも大きかったであろう。足羽郡島橋村（福井市）の源之助・大吉の二人は堺町門守衛の農兵として参加し、帰還できたことを感謝して村の産土社に絵馬を奉納したが（写真7）、同じような例は長州出兵の場合にもあったことが確認されている（『絵馬』145）。

ところで、一〇月一一日、藩は新たに農兵の勤め方について通達した（「茂昭家譜」）。農兵の中から選抜したと思われる「新撰農兵」一六八人に対してのもので、かれらが「他国御用」中は武家の「新組同様」に五石二人扶持、在国中は年に米四俵（一石六斗）を与えて調練を受けさせるという。当時一人扶持は一日玄米五合に当たったから、下級卒並の手当ということになる。藩は農兵の育成に本気で取り組んだのである。

後のことだが慶応二年（一八六六）一二月一六日、藩は「農兵隊伍長殿下村金四郎」以下二二か村二四人に対し、手当銀五〇匁ずつを与えている（松平文庫九二七）。同じ農兵の中から「伍長」を任命しており、農兵の訓練と組織化に努めようとしたのである。町方からの取り立てもあった。すなわち同年一一月三日、藩は城下西魚町内田屋五郎兵衛など町人四人を家中へ召し抱えて従卒締役とし、年々米四俵ずつ与え苗字も許したが、かれらは翌三年二月五日、待遇は同じながら今度は元御旗持御雇、町兵締り役之者として御城下新撰隊世話方に任じられる。このとき「元御旗持御雇之者」一二人も同様に御城下新撰隊世話方助となった（『福井市史7』二）。

百姓や町人が武器をもって藩のために戦う農兵、町兵の出現は、幕末期には全国的に見られ、決して福井藩だけのことではない。とはいえ、江戸時代の基本であった兵農分離という大原則が福井藩においても崩れ始めたわけで、その意義は大きいものがあった。

## 二　産物会所の再強化と薩摩藩との交易

**財政不安と産物会所**　元治元年（一八六四）三月、藩は長州藩などの攘夷運動の全国的な高まりに備え、軍事資金確保のため領内へ御頼金七万両を布達した。割付方は福井城下と三国町が各一万五〇〇〇両、郡奉行支配下の上・中・下の三郡領各一万両、更に府中町（越前市）にも一万両である。実は前年の挙藩上京の際御用金五万両を課したのだが、上京が中止となったのに未返却分がかなり残っているのを利用し、それらを加えて七万両に改め再納入を命じたのである。三国町では内田本家三四〇〇両、森家二七五〇両とし、以下一〇〇両までが一五家、更に七〇両ずつ一四家、五〇両ずつ一八家で負担した（『三国町内田』）。このように都市部富裕者に大きく依存したが、村部では家別割付なども実施されており、領民全体の負担感は高まったに違いない。

藩の財政不安は際限がなかった。そのため他にも可能な限り手を付けた。二月には小物成である山手銀、糠・藁代、雪垣代を今年より倍増すると触れ（『福井市史6』一三八六）、四月には加賀の豪商木谷藤右衛門からも九〇〇〇両を調達する（木谷藤右衛門家文書）。一方で六月、目付が藩へ諸経費の大幅な削減を見込んだ意見書「心付覚」（『福井市史5』二四一）を提出し、藩主や奥向手元金を含め可能な限りの減額を求めていた。それでも予測をはるかに超える事態である。長州出兵の際には九月三日に幕府に対し一〇万両の拝借金を願い出る始末だった（但し不許可、『御勝手帳』）。

これらの出兵経費を別にして、年間の通常経費だけですでに相当の赤字であった。実際、翌慶応元年（一八六五）と推定される「平常量制本払仮積帳」（『福井市史5』二四二）によると、収入七万三〇〇〇両余に対し、支出は九万五〇〇〇両余とおよそ二万二〇〇〇両近い不足が見込まれている。したがって速断は禁物だが、元治元年から翌年にかけての藩財政は相変わらず逼迫し、藩内に余裕が見えなかったことは確かである。よって慶応元年六月、これまで自由としてきた紺屋関係や木綿綛糸仲買などの産物冥加銀を復活させ、また藩が新規に趣法講を計画して家中から町・在にまで加入させ、日頃の資金不足を融通させることにした(「茂昭家譜」)。

産物会所の再強化にも乗り出した。まず人事による監督・指導の徹底である。すでに制産方解消直後の文久三年(一八六三)一〇月二五日に産物会所吟味役につけた。そして、慶応元年四月に勝木十蔵を「産物之儀専ら御派立之折柄」だとして米岡源太郎を産物会所下代を二人任じていたが、翌元治元年には三人を新規に任命し、同年一一月には御奉行役其儘会所奉行に任命する。九月には産物会所吟味役を更に二人増やした。

その上で同年一一月二八日、諸商品荷物の他国売買について触書を出した(同)。中心となるのは次の二点である。

①他国より仕入れた諸荷物、及び他国へ出す売買荷物は、荷造のまま産物会所へ持参して荷解きし、会所の指図を得てから売買する。

②産物会所へ出すのは商品の不正をなくし、信用を高めるためであり、運上や口銭を取ることは一切ない。

これでみると、趣旨は万延元年(一八六〇)に産物会所を設立した際に藩が出した触書と変わらない。結局、制産方は解消したものの、以前の殖産興業策に立ち戻り財政再建を図ることにしたのである。

**薩摩藩への接近**　春嶽は、元治元年(一八六四)末の水戸浪士勢の来越による出陣を除くと、慶応二年(一八六六)六月まで二年二か月にわたり福井に留まった。当時、京都では一橋慶喜等が長州再征を策していた。その間、かれらは春嶽の再上京を促し、藩主茂昭の出兵も求めた。しかし、春嶽は同じく国元に戻っている宇和島伊達宗城や土佐山内容堂、幕臣勝海舟や大久保忠寛、それに京都の公卿たちとも情報交換しながら、福井から動こうとはしなかった。

ところが、慶応元年九月に入りイギリス・フランス・オランダの軍艦、それにアメリカの代表も兵庫に来航して同港の即時開港を迫ってきた。また上京していた将軍家茂が長州再出兵への勅許を得ることになった。事態の重大さに驚いた春嶽は、大坂城の将軍に出兵の非を言上すべく上坂を決意する。だが一〇月一日に福井を出発したものの、今庄宿（南越前町）で京からの連絡が入り福井に戻ってしまった。一橋慶喜が春嶽を薩摩藩と通じていると疑っていると知らされたからである。春嶽が薩摩と手を組んでいるとの嫌疑は、出立直前の九月二七日に薩摩藩大久保一蔵が来福したことにあった。かれは京都で西郷吉之助や公卿たちと相談し、「名義不分明」の長州再討では天下が「大乱」に陥る危険があると考えた。そこで至急春嶽の上京を促して事態の打開を図ろうとしたところ、それが疑われたのである（『続再夢紀事』）。

しかしながら、一橋慶喜の疑問は一面当を得ていた。実は大久保は来福したときもう一つ別のことを語っていた可能性がある。翌年に福井藩と薩摩藩との間で秘密裏に結ばれる交易の件である。この年一二月一一日付で春嶽が島津久光に送った書状がそのことを示唆する（『玉里島津四』一四四三）。書状の主意は薩摩藩と会津藩の対立理由を問い合わせることにあったが、その終わりの所で文を改め、「北場之物産運用筋」について福井藩の家臣が薩摩藩の家臣と懇談して「追々熟調相運」び、それは以前からの「申合」のおかげであり、近く実現できそうで深く感謝すると述べていることである。福井、薩摩の両藩は以前から北国筋の産物運用を相談し、それは春嶽と久光の合意を得て進められていたと理解できる。

**交渉の経過**　福井藩が交易計画に着手したのは慶応元年（一八六五）七月の頃と思われる。内命を帯びて準備にかかったのは、御奉行役見習内田閑平であった。かれは以前軍艦方にあって航海に長じ、また制産方から春嶽付近習に抜擢された人物である。七月二一日、「御内用向」の名目で小算役の久留嶋勝太郎とともに長崎へ派遣され、一一月まで同地に滞在して話をまとめたようだ（松平文庫九二六）。内田が長崎に赴いたのは、当時薩摩藩が長崎に拠点を設け、外国交易に乗り出そうとしていたときであった。同藩は幕府の開港以後、琉球貿易の利益が少なくなったことや薩英戦争の痛手から、諸藩と交易して産物を収集し、外国へ売り出そうとしていた。当時、福井藩春嶽と薩摩藩島津久光との関係は、政治的には複雑な所があったが、両藩は経済面を優先したことになる。

二年二月二三日、長崎滞在の薩摩藩側役格で琉球産物方の汾陽次郎右衛門（光遠）が藩の蒸気商船翔鳳丸で同地を出航した。下役など総勢二〇人（一九人とも）の一行である。福井藩勘定吟味役勝山等一郎・久留嶋の両人も一緒である。三月一日に敦賀湊に着き三日間滞在、四日朝三国湊に入った。予定では一行は敦賀から福井へは陸行のはずであった。だが汾陽のたっての希望で三国湊を経て福井へ入ることにしたのである。福井藩側は大慌てであったが、急遽三国湊へ連絡して準備させ、宿泊は豪商内田惣右衛門家に頼んだ。「今度薩州の藩士御入来の義は、御上ニもかねがね御国産の御掛合等もこれ有り」との説明で、取扱方も格別丁寧にとの触れこみである（「薩州藩中御泊記」越前史料）。二月九日に産物会所掛りとなった内田閑平や産物会所元締三好助右衛門も出湊し、大急ぎの受入準備だった。

一行が到着してからの歓迎ぶりはそれは盛大で、汾陽たちも面食らうほどだった。敦賀でもそうだったが、連日酒と食事に念を入れ、合間に「当港第一の豪富家」と名高い森（三国）与五郎家、町内の花街や名所、少し離れた海苔崎（米ケ脇浦）の海女の踊り見物にも案内している。

七日、いよいよ登城となり川舟四艘で福井へ向かった。御奉行勝木十蔵等が丁重に出迎え、汾陽は城内鉄砲の間で春嶽に拝謁した。春嶽からは次のようなことばがあったという（「汾陽光遠越航日記」）。

> 昨年役人を長崎へ送ったが、「調談」都合よく相済みこの上無き大慶と思う。この儀を「永久連続」させ、「藩用を充備致し」たく思うから、よろしく役人中と懇談し「趣法治定」するよう頼む、

これに対し汾陽は「委細お受け申し上げ、鹿児島の藩主と久光にも伝えます」と答えて儀式が終わった。その後別

の間で家老酒井外記や中老などから挨拶を受け、ライフル銃一丁と小袴地一反を頂戴した。料理も頂いたが、これは宿でもてなしの役人と楽しんだ。次の日、汾陽は内田へ「約定書」を渡し、その返書と福井藩家老から薩摩藩家老衆への「書付」を受け取って役目を終えた。一一日に福井を発ち長崎へ帰って行った。

　こうして薩摩藩と福井藩の交易協定が成立した。その内容はこの時点では不明だが、汾陽の長崎出航直前、薩摩藩長崎定詰の勘定方見分役野村宗七（盛秀）は「越用金子」の件で二万五〇〇〇両都合できたと自身の日記に記している。更に汾陽が出発後の二月二五日に「越前え拾七万両都合差し遣わし候旨」を薩摩藩上役の伊知地氏等に伝えるよう、鹿児島へ戻る役人たちに申し渡したともある。初めの「越用金子」のことは判然としないが、後の一七万両は交易に先立ち薩摩藩から福井藩へ渡される予定の金額であった（「野村盛秀日記」。以下、本件は多くこれによる）。これは福井藩では一〇年前頃の年間常用収入の二倍をはるかに越える莫大な金額である。薩摩藩としても財政難の折、相当の覚悟と見通しをもっての決定であったと思われる。

**産物調査**　薩摩藩汾陽次郎右衛門による交易協定締結を受け、次に福井へ向かったのは野村宗七である。かれは同じ慶応二年（一八六六）四月二七日、所用で瀬戸内海を大坂へ向かい、五月二三日に同地へ着くと翌日福井藩士で勝手役の能勢次郎右衛門（角太夫）に二万両を渡し、その後京都を経て六月三日に福井へ入った。

　野村の福井での滞在はそれから二か月半余に及んだ。その間、春嶽に拝謁し、交易協定が成立したことへの薩摩藩の答礼使の役割を果たすとともに、多数の藩家臣団、及び財政や産物会所関係者や産物会所元締を中心とした城下内外の有力商人と豪農・豪商たち、それに歌人橘曙覧などとも交流を深めた。

　野村の滞在が長期にわたったのは何より福井藩の実状を把握し、特に交易産品としての生糸・茶などをどれほど確保できるか調査することにあった。実は先に汾陽が来福したとき、薩摩藩御用商人山田屋配下の中村八左衛門と高崎徳兵衛を伴っていた。二人は汾陽の帰崎後も福井に残って調査を続け、今度は大坂から更に一人野村に同行した山本要介も加わった。六月二二日、かれら商人三人（実際は中村が体調不良で二人）は野村に随従してきた役人二人、それに付き添いの福井藩産物会所元締三好助右衛門・同山田又左衛門とともに、大野街道を通って美濃方面の視察に赴いた。七月一日には早速仕入れ可能な同地仕様生糸「曾代糸」の見本や上・中・下の品等別値段を野村に報告している。すると野村はただちに福井藩側と交渉してその仕入れ金五〇〇〇両を受け取り、一旦帰福した山本に持たせた。かれらが福井に戻ったのは八月六日である。

野村自身も福井藩関係者から直接情報を得るよう努めた。早くは福井到着二日後の六月五日に御奉行の勝木と新しく御奉行本役になった内田から、外国への交易品となる茶について、「丸岡・大野・大聖寺・勝山・丹波・丹後辺」まで含めて一四万斤ほどは入手可能だと聞いている。同一一日には内田と加藤藤左衛門の案内で城下南西の宝石山（足羽山の一角）の茶園を見学し、一万斤余の茶が採れることを知った。

野村はまた六月一八日に曹洞宗永平寺（吉田郡）へ参拝して二日間くつろぎ、帰りに松岡（在郷町）の所々で「糸くり」を見物した。高崎と山本が美濃へ出立した同じ二二日からは坂井郡金津町・吉崎浦・三国湊を回り、三国湊では内田家へ宿泊して湊の実状を視察している。七月一日には内田・加藤から春蚕生糸と茶は二〇日過に集荷、また春蚕は一二〇～一三〇箇、夏蚕は一〇〇箇ほども集荷できるなどと聞き、早速迎えの運送用火船（蒸気船）を手配する。同二九日には大野藩家老内山七郎右衛門と勘定奉行岡田求馬の訪問を受けた。両人から大野藩面谷銅山の話を聞き、後にその出産額を確認したり、同藩箱館交易の取扱い産物や値段等も詳細に記録している（「野村盛秀要留」）。

なお、福井藩は軍事面の交流も期待した。六月二九日に製造奉行助の加藤藤左衛門が高性能のミニエール銃五〇〇丁を購入したいと野村に相談を持ちかけている。吉田郡松岡にある藩の火薬製造所、更に七月九日には城下の銃砲細工場へも案内した。福井藩が知る長州戦争の状況や外国交易に関わる幕府通達なども伝えている。

**交易と他国会所**　野村一行は所期の目的を果たし八月一九日に福井を出立、敦賀から薩摩藩の蒸気船三邦丸に乗船して長崎へと帰っていった。このとき先に三国湊で生糸や茶などを積み込み、答礼のため一行に同伴することになった内田閑平・加藤藤左衛門・能勢角太夫、それに産物会所元締の山田又左衛門、三国内田家福井出店主人の岡崎佐喜介なども同船した。長崎港へは二六日に着き、その後内田など三人は藩へ報告に戻る野村に連れられ、答礼のため鹿児島へ向かった。福井藩士三人は九月六日に登城して藩主島津茂久に拝謁し、その後希望通り台場・銃薬水車方、翌日集成館、次の日製煉所などの見学をしている。

一二月一一日、野村は勝手方用人の市来六左衛門に対し、越前へ昨冬以来渡してきた金一六万両の「書付」（「野村盛秀日記」）を提出した。この金額は三月に来福したときの汾陽の日記では一七万両とあったから釈然としないが、ともあれ莫大な金額が福井藩に渡され、福井藩はそれに見合った産物を領内のみならず、他藩・他国にまでも手を伸ばして集荷する義務を負ったことになる。七月一日に藩から野村に渡した五〇〇〇両はその一部と見てよいだろう。

この莫大な資金をバックに藩自身も改めて国産物生産と流通の拡大を図り、富国強兵策の推進に全力を傾けようとした。翌慶応三年（一八六七）正月一六日、藩は加藤を他国会所奉行、内田閑平を他国会所掛りに任じ、一七日には城下の山田又左衛門と三国湊の内田本家周平、同森与兵衛を新規に他国会所元締に任命する。産物会所から分けて新たに他国会所を設立し、薩摩藩との交易を含む他国交易を担当させたのである。なお、内田家の福井出店は藩の依頼で薩摩藩の福井定宿に提供され、佐喜介は別に出店を確保して活動することになった（『三国町内田』）。

おかげで長崎への産物運送はかなり順調に進んだようだ。運送には両藩とも洋船を利用した。福井藩の方では七月一四日に藩船富有丸が長崎から三国湊に戻り、二七日には佐々木権六等を乗せて再び長崎へと出航している。同船は春嶽が命名したといわれ、藩が手持ちの黒竜丸を幕府へ売却した後に購入したものというが、名目上は三国湊の豪商が所持するものの、表向は「官船」とされた「洋船」であったらしい（『春嶽遺稿二』「観海日志」）。このように速力が速く大量運送が可能な西洋船を利用できたことで、薩摩藩との大規模な交易が一気に可能となったのである。

薩摩藩はこれらの諸産物をオランダ貿易会社の長崎出島代理店に委託してオランダへ輸出した。その全容解明は今後の研究に待たなければならないが、慶応二年六月から三年五月までの同店の営業報告書には、「薩摩藩は前年に引き続き一一万五二一八メキシコドルの越前糸（「Ethizen Zijde」）を委託荷としてオランダへ輸送した」とある。この越前生糸はメキシコドルから金貨に換算すると約八万六〇〇〇両に相当する〔横山伊徳二〇一七b〕。この数字の明細も未確認だが、いずれにしろ当時の福井藩長崎交易とはこのように薩摩藩によるオランダ交易として展開されたものだった。

### 越前の生糸と茶

福井藩が薩摩藩との交易協定に踏み切れたのは、何より領内はもちろん越前一帯で輸出可能な国産物生産が盛んだったからである。その中心となったのはこれまでも度々触れてきた生糸であり、藩が開発奨励した茶であった。もっともそれらが慶応期（一八六五～六八）にどれほどの生産額に上ったのかは明白ではない。強いて挙げれば先の「野村盛秀要留」の記事が参考になるだろう。それには生糸は山間地の大野郡、次いで今立郡に多く、全体では三九五箇とある（一箇一〇貫二〇〇目入）。ただ半分は大野郡などの他藩領であり、生糸を福井藩特産というにはややそぐわないところがある。そのことは春嶽も承知していた。薩摩藩との交易協定ができた直後の二年三月二七日、盟友ともいえる宇和島伊達宗城宛の書状に次のように書いている（『続再夢紀事』）。

> 僕方とてもいまた養蚕の道ハ兎角聞き申さず故、今年より今一際尽力、世話仕りたくと存じ込み候位ニ御座候、右ゆへ決して巧者の者ハこれ無し、しかし弊国ニおゐて糸ハ今庄・粟田部を第一と仕り申し候、去り乍ら信州・甲州などニ比較仕り候ては更に幾舎を避け候次第……

春嶽は養蚕の重要性を自覚しつつも、先進地の信濃(しなの)や甲斐(かい)などにはとても敵わないと認め、薩摩藩側もそのことは確認済みであったのであろう。とすれば、薩摩藩はさし当たり近隣諸藩生糸の福井藩産物会所を介した集荷力に強く期待したものと思われる。

**綛糸の生産と販売**　ところで、幕末期越前では生糸や茶のほか麻・木綿、菜種油、煙草など各種多様な農産物の生産や加工が盛んで、それらの仕入れ・仲買に従事する各業者が所領や国の枠を越えて多数活動していた。中でも坂井郡や吉田郡で伸びてきたのが木綿綛糸である。

丸岡藩領坂井郡丸岡町や福井藩領吉田郡松岡近郷農村では、一八世紀後半から木綿栽培が伸び始め、一九世紀に入ると急激に盛んになってきた。これには尾張・美濃両国が接する尾西地方を中心に、結城縞(ゆうきじま)などの縞木綿(しまもめん)織物の生産が飛躍的に発展したことと関係する。同地の商人たちの中には原料の木綿綛糸を求めて越前にまで足を伸ばす者がいた。その結果丸岡藩領南部の農村を中心にしていた木綿栽培が広く坂井郡や吉田郡に広まり、かつ糸繰(いとく)りを専業とする業者も現れるようになった。併せてかれらから綛糸を買い集める仲買商人が増え、尾西(びさい)地方の問屋商人の中には資金を前貸しして独占的に綛糸を集荷する者があった。おかげで越前側から尾西地方の縞木綿に対する需要も高まった（『福井市史』二〇〇八）。

当然ながら、この動きを福井藩は見逃さなかった。産物会所を通して国内出入の諸産物を把握し、口銭徴集を含む管理強化に努めつつ、尾西地方との取引にも手を伸ばした。慶応元年（一八六五）四月には、「越福井年行司(えつふくいねんぎょうじ)片屋市太郎(かたやいちたろう)」・「森田惣代折敷屋多助(もりたそうだいおしきやたすけ)」の二人と「尾張年行司材木屋重兵衛(ざいもくやじゅうべえ)」以下八人との間で「規定書(きていしょ)」を結んでいる（『愛知県史16』278）。従来越前の木綿綛糸は四歩引きであったが、藩の産物会所からの指示で取締を強化することになり、以後は二歩引きで尾張年行司下の仲間と別紙五人へのみ売却すると定めた内容である。片屋市太郎は産物会所元締片屋（三好）助右衛門の弟で、長崎交易のかたわら尾西地方との産物売買にも関わるようになったのである。

福井藩の薩摩藩との交易は、このような越前国内外の経済の発展の中で展開され、薩摩藩側もそれらを調査し将来性を見込んで福井藩と手を結んだのである。

## 三　松平春嶽と政局の激動

**福井の春嶽**　松平春嶽は元治元年（一八六四）四月二三日より慶応二年（一八六六）六月までの二年余り、福井城に留まり続けた。その間、藩政にも目を向けながら、ある意味福井での生活を楽しんだ。城内では折々に儒臣や側近たちと会読を行い、御用部屋で重役たちの評定を聞いたりしている。天候がよければ城下巡覧や野廻りと称する足羽川での網漁などにしばしば出かけ、時に妻の勇姫を伴うこともあった（柳沢芙美子「本書論考」）。次もその一端である。

慶応元年（一八六五）七月二二日夜、春嶽は船で三国へ下った。翌日明け方に着くと早速同地を巡覧、愛宕山から湊口の絶景を楽しみ、午後は藩が今夏交易用に長崎で購入した「洋帆船」（二四〇トン、「茂昭家譜」）に乗って船内を見学し、湊内を四回も巡回した。下船後は宿浦にある製造局造船所や砲台を見て回った。夜、宿舎勝授寺に戻って寛ぐと、洋帆船を「富有丸」と名付けるよう担当の内田閑平に指示する。二四日には藩の軍操練場を経て安島浦に至り佐々木権六が建設中の波止場工事を見た。困難な海中での築造作業が地元の海女たちに頼っていることを知り、また彼女たちが採った貝類に「味極奇也」と舌鼓を打った。工事責任者の佐々木を労い、お茶を飲みながら次のような漢詩を記した（『春嶽遺稿　二』「観海日志」）。

　巌石塡蒼海　造築半成功　富強従此始　有無物相通

安嶋の埠頭築造は半ばだが、完成すれば多数の交易船が停泊して物資が行き交い、藩の「富有」が期待できると夢を描いていたのである。

**処分解除と評議体制**　春嶽は藩内の体制固めに力を入れた。その一つは家老の本多興之輔（副元）を藩政に参加させて責任を持たせ、今一つは先の挙藩上京問題で強硬に中止反対を主張した家臣たちの「咎」を許したことである。

本多興之輔は文久二年（一八六二）に府中本多富恭の養子となり、翌年家督を相続した。同家は福井藩筆頭家老ながら居館を府中に構えて所領の仕置を許され、これまで藩政には特別の場合を除き関わることがなかった。ところが元治元年（一八六四）七月、藩主茂昭の名代として京都に派遣され、慶応元年（一八六五）三月一四日には「政事向悉皆厚く心配致し相勤め候様」にと告げられたのである（「茂昭家譜」）。以後は「定出福」とされ、家格の扱いも特別の場合を除き他の家老並となった。

二つ目の処分解除は、二度に分けて行われた。一度目は元治元年二月の再処分後である。まず直後の二月から四月にかけ、処分の軽かった岡部豊後・牧野主殿介・千本藤左衛門にそれぞれの差控、逼塞、遠慮を許し、処分が重かった松平主馬には同年一一月五日、本多飛騨と長谷部甚平・三岡八郎の三人には一二月六日に家内での家族対面を認めた。二度目は慶応期に入ってからで、本多と松平は慶応元年四月六日に咎御免、長谷部と三岡は翌二年六月二三日に同様の扱いとなった。

同年一〇月に入ると、新たに藩政に関わる合議制が設けられた。城内御用部屋の次の間に評議席を設け、次の家臣名を挙げ毎日出席させることにしたのである（カッコ内は役職。「茂昭家譜」）。

田内源介（牧野主殿介を改姓名、産業・郡方関係）
渥美新右衛門（寺社町奉行）

勝木十蔵（御奉行役其儘会所奉行、町方産業掛り）
高田孫左衛門（目付、町方掛り）
大井弥十郎（御奉行）
村田巳三郎（目付、郡方掛り）
出淵伝之丞（側物頭）

横井小楠時代に盛んであった議論の場を復活させ、担当の役職を超え藩政全般について協議させようとしたのである。「好利」を貪る旧来の慣習に基づく行政を改めるためであったが、春嶽はこれを「国是（藩是）」とも言っており（『修理日記』）、中央で主張し続けて果たせない朝廷・幕府を含む全国有志諸侯の公的会議を、藩政で実行しようとしたといえる。

なお、同じ日、中老と側用人について任務分担を明確に区別し重ならないよう指示した。中老は執政役の家老に協力する重職で、これまでは側用人を兼ねることがあった。それを改め御用部屋に詰めて政治に専念することとし、側用人は藩主の「側向御用」に関わり、評定所や御用部屋へ出席しないこととしたのである（「茂昭家譜」）。両者の役割を分けることで、藩主の指示が混乱しないよう図ったわけだが、全体としては藩主の権限を強め、春嶽の意見が反映できる体制をも意図していたたであろう。

**長州戦争の停止と藩の立場**　慶応二年（一八六六）六月、京の「一会桑」政権は朝廷を取り込んで長州再征の火ぶたを切り、将軍家茂は大坂城から出て本陣を西へ進めることにした。すると春嶽に大坂城を守らせる話が浮上してきた。再征に反対の春嶽は、将軍が動けば不測の事態が起きかねないと憂慮し、二五日に福井を出立して二九日に京に入った。ところが七月二〇日に家茂が病没する。状況が混乱する中、有志大名たちの征長反対や幕政批判が相次ぎ、ついに慶喜も征長を断念した。その事態に安堵した春嶽は意を決し、八月一二日に慶喜への意見書七か条をまとめた（『続再夢紀事』）〔青山忠正 二〇一二〕。徳川家を相続して一大名に戻り、従来の幕府の権限や外国との条約問題は朝廷に委ねるべきだとの提言である。私的な形だが、いわゆる「大政奉還」を明確に勧告するものであった。

さすがの慶喜も一旦春嶽の意見を受け入れたかに見えた。だが、今度もその場凌ぎの口実でしかなかった。かれが徳川宗家を相続した翌日の八月二一日、征長停止の沙汰書が出されて長州戦争は終わるのだが、再び幕閣とともに権力保持を画策し始めるのである。

春嶽は失望しながらもなおしばらく京に留まった。だが結局一〇月一日に京を発ち福井に帰ってくる。このときの離京願いは、国元では米価高値で「下民不穏」の動きがあり、藩主茂昭も「国政改革」のため帰藩を求めているからとの説明であった（松平文庫七〇五）。もっとも、藩独自の富国強兵路線は以前から進められてきたものである。この段階では同じ立場に立つ土佐藩や宇和島藩、それに反幕的な動きを強める薩摩藩などと提携し、非常の決意で幕府と距離を置き、藩の自立強化を進めるしかなかったといえる。

**佐々木権六の武器買付**　当然軍事面に力を入れた。すなわち、一一月に入り大御番六組を四組に再編成し、陪臣・若党たち、民政関係の御奉行や町奉行、郡奉行配下などの組の者も予備組として銃撃訓練に力を入れさせた。また、訓練にはイギリス式調練を採用し、一二月には武器製造と修復を製造局で一手に行わせることにした。

武器に関わって製造奉行佐々木権六の動きにも注目したい。かれは前年まで専念していた安島浦波止場建造事業を中断して二月に上京した。四月に一旦福井へ戻ったものの、七月には「内用」だとして長崎へ赴き、その後江戸を回って一〇月二七日に福井へ帰ってくる。その一か月後、今度は横浜へ向かい、翌慶応三年（一八六七）四月二二日、同港からアメリカ合衆国へ渡航した。同国でジョンソン大統領やグランド将軍に面会し、その後口径三インチ野戦砲八門のほか、弾薬や銃器、馬具に波止場図等多数を購入している。また、陸海軍学校や多数の軍事施設を見学し、帰国したのは四年三月末頃であった（「佐々木長淳略履歴」）。当然ながらかれは春嶽の意を承けて任務を果たしたものと考えられ、軍事強化にかけた藩の姿勢が並々ならぬものであったことの証左と言える〔長野栄俊 二〇〇八 及び本書論考〕。

慶応三年一月一六日、春嶽側近で中老となっていた毛受鹿之助宛に熊本の横井小楠から前月一〇日付の書状が届いた（『小楠遺稿』書簡一七七）。それは長州戦争の停止にからめ「天下疲弊」と政局の乱れを挙げ、今は「一国独立之覚悟専一」の時であり、それに専念している薩摩藩を高く評価するものだった。小楠は薩摩藩と提携して富国強兵に進む福井藩の動きを知り、その背中を押したのである。春嶽と小楠との関係は慶応二年に入ってかなり復活するが、小楠の意見に春嶽も頷いたに違いない。

**四侯会議と春嶽**　慶応二年（一八六六）一二月五日、徳川慶喜は一五代将軍に補せられると、いよいよ幕府権力の強化を露わにして時局を主導しようとした。折しも同月二五日、攘夷に固執してきた孝明天皇が死去し、時局はいっそう混迷の度を深める。

とは言え兵庫開港と長州処分問題は差し迫った課題であった。幕府は翌三年二月、尾張・紀州や福井・薩摩・土佐・宇和島など有力な九藩に対して兵庫開港問題の意見を問い、併せて藩主等の上京を求めた。対して福井藩は三月一〇日、今や開港勅許は当然ながら、これまでの経過を考え「天下之人心」を敬服させる形で勅許が出されるべきと建言した（『続再夢紀事』）。春嶽はその後も状況を窺い、四月一六日にようやく京に入った。

島津久光は四日前の一二日、伊達宗城は一五日に入京、山内容堂も五月一日に着京する。以後春嶽たち四侯はしばしば顔を合わせて協議を重ね、結束して幕府・徳川慶喜に迫っていった。五月四日に岡崎の福井藩邸で協議すると、六日には揃って二条摂政邸に赴き、一二日には土佐藩邸に集合して打合せた上、一四日に二条城で将軍慶喜と面談

山内容堂

伊達宗城

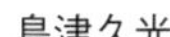

島津久光

松平春嶽

写真８　四老侯（肖像写真衝立より）

している。懸案の兵庫開港勅許と長州の処置については、これまで通り万人が納得する長州問題の決着が先決であることを強調した。一七日にも土佐藩邸に集まり、一九日にまた揃って登営し前回の意見をダメ押ししている。

ところが二三日午後、慶喜は徹夜に及んだ朝廷の御前会議で兵庫開港勅許のみの決定に終わらせた。二五日、四侯はこの沙汰に怒り連署して質問書を出すが、すべては後の祭りである（同）。四侯主導による公明正大な議論の場、公議政体への期待はすっかり外れ、これで薩摩・土佐・宇和島の三侯共ほぼ朝廷と幕府の両者を見限った。「四老侯」、「四賢侯」とも呼ばれたかれらの会議はここに終止符をうち、それぞれ国元へ帰ることになる。

以後土佐藩は大政奉還と公議政体を掲げ、一か月後の六月二二日に薩摩藩と盟約（薩土盟約）を結ぶ。薩摩藩は、前年一月に長州藩と同盟を結んでいたが、今後は薩土盟約にも乗りつつ、一方で倒幕路線を明確にしていくことになる。春嶽はある意味孤立状態に陥った。見通しは立たず、結局八月九日福井に戻った。

**五度目の上京**　慶応三年（一八六七）一〇月一三日、京の老中板倉勝静から福井へ早駈の書状が届いた。去る四日（三日の誤り）土佐山内容堂が幕府へ大政奉還を建白したとして、至急家臣中根雪江か酒井十之丞を差し出すよう求め、春嶽の上京も要請してきたのである。一六日には二日前に将軍慶喜が大政奉還上表を朝廷へ提出したとの大早駈が到着した。その後も連絡が続き、二一日、春嶽は上京を決意する（『丁卯日記』）。

春嶽は将軍慶喜が大政奉還したのは「反正」したからだと感涙していた。翌日、諸月番へ上京の旨を告げ、かつ藩主茂昭の登京もあるとし、「陣中同様」の出動となることを覚悟するよう申し伝える（松平文庫七〇五）。二三日には重役が集まって「備金」の相談をし、御奉行は別に一万五〇〇〇両を通常経費より出すことに決めた（『修理日記』）。

とはいえ、春嶽や重臣たちはこの上京にかなり逡巡するところがあった。文久三年（一八六三）以来これまでも幕府や朝廷から促されて何度も上京しているが、結果は常に期待に反し失望して福井へ帰っていたからである。一〇月二六日には京から戻った酒井十之丞の報告をもとに、いったん上京中止を決めている。ところが中根雪江は違った。今こそ春嶽が徳川宗家に思いを致し朝廷のため尽力すべきだと主張した。重臣たちと激論になったが、その必死の「正論」により再び上京に転じたのである〔雪江先生一九七七〕。上京はこれで五度目である。

一一月二日、春嶽は簡略な供立てで福井を発ち、八日に京の岡崎屋敷に入った。問題は朝廷のもとでこれからどんな政権を打ち立てるかである。翌九日、土佐藩士福岡孝弟が来邸して側用人（中老酒井十之丞のことか）に新政権構想を語った（『丁卯日記』）。同藩の「大政奉還建白書」や坂本龍馬の「新政府綱領八策」（『激動と福井』82）を踏まえた公議政体を目指し、その実現のため上院・下院の議事院を開設する、などといったことである。これには春嶽も納得し大いに期待しただろう。

**小御所会議と王政復古**　しかし、事態は難航した。慶喜自身は将軍職を辞任して今後は一大名の立場だが、やはり頂点に立って新政権を主導する意図が見え隠れする。一方で土佐藩と手を結んだはずの薩摩藩西郷や大久保たちは、長州藩と共に軍を率いて上京の見込みで、幕府を排除すべく武力討幕も辞さない様子である。実は一〇月一三・一四日に「賊臣慶喜」を討てとの偽勅が薩摩藩・長州藩などに出ていた。一一月下旬には薩摩・長州・芸州の三藩がそれぞれ藩兵を率いて入京してくる。

一二月初め、西郷と大久保は土佐藩後藤象二郎と相談し、一部公卿や芸州藩・福井藩・尾張藩にも話をつけた。かくして八日夕刻から朝廷での会議が始まった。在京諸大名や重臣などが参加して会議はゆっくり進み、翌朝までかけて長州藩主父子の復権や岩倉具視の赦免などが決定された。九日夕方、今度は薩摩・土佐・尾張・芸州・福井五藩の諸侯、及び中山忠能や岩倉具視など公卿八人の計一三人が、禁裏内小御所において新政府として最初の会議を行った。そこで「王政復古の大号令」、続いて摂関制度の廃止、総裁・議定・参与の三職による太政官の創設とその人事などが確認された。徳川慶喜の辞官納地と処罰などの確認もあった（『丁卯日記』）。

一連の経過の中で春嶽の立場はかなり微妙であった。八日に前述の五藩代表が岩倉具視邸に呼ばれたとき、御所の警衛に兵を出すよう伝えられた。今後の不測の事態を避ける名目だったが、春嶽としては兵の出動は避けたかったに違いない。だが反対もできず、薩摩藩を主力に福井藩も他の三藩とほぼ同じ小人数八〇人の遊撃隊を出動させる。

ところで、九日の小御所会議に参加したのは五藩の諸侯たちと一部の公卿だけであり、これで新政府の樹立とは、春嶽には納得いかなかっただろう。公議政体を主張する春嶽は、これは「私議」だと不満だった（『同』）。会議では土佐山内容堂が徳川慶喜の不在をめぐり、岩倉たちに対し「幼主を擁して権柄を窃取」していると非難し、春嶽も徳川氏の長年の功績を称えて慶喜の参加を求めた。このとき福井藩からは中根雪江と酒井十之丞も参加していたが、かれらは残る三藩の家臣と同じで、発言すれば「君臣合議雷同之嫌疑」がかかると恐れ黙ったようだ。対して岩倉具視と薩摩の大久保一蔵が懸命に反論し、容堂・春嶽の主張は潰された。その後春嶽は尾張徳川慶勝と共に二条城の慶喜に対し、新政府への恭順と徳川知行地の朝廷への返納を承知させる説得役を任され、これは承諾するしかなかった（『同』）。

春嶽にとっては、新政府と幕府方が内戦に陥らないよう、調停役として動くことで精一杯だった。おかげで会議は暴発に至らず、無事新政権が成立したともいえる。三職トップの総裁には有栖川宮熾仁親王が就き、春嶽は公卿五人と五藩各諸侯から出す議定の一人となった。公卿五人と五藩から三人ずつ出す参与には福井藩からは中根雪江・酒井十之丞・毛受鹿之助の三人が就いた（辞令は一二月一三日付）。形の上では春嶽・福井藩は、新政権では薩摩藩や土佐藩と並ぶ位置を占めたのである。

# 第四章　新政権の成立と福井藩

## 一　三岡八郎と「五箇条の御誓文」

**坂本龍馬の来福**　文久二年（一八六二）一二月五日夜、土佐の坂本龍馬が仲間二人と共に江戸福井藩邸の松平春嶽を訪ねてきた。突然の来訪だが春嶽が面会を許すと、龍馬は「大坂近海の海防策を申し立」てたという（『続再夢紀事』）。二人の立場は、春嶽が幕府政事総裁職でその日も朝から多忙、一方の龍馬は浪人という破格の違いがあったが、夜五ツ時（八時頃）に帰邸した春嶽にはかれらを受け入れる度量があったのである。

これより前の一一月一九日、幕府軍艦奉行並の職にあった勝海舟は、春嶽の政治顧問として活躍していた横井小楠を訪ねて意見交換しており、やはり互いに交流のある幕臣の大久保忠寛を加えたかれら四人は、当時もっとも開明的な幕政改革論者であり、「共和横断派」とも評される間柄であった〔松浦玲二〇一〇a〕。その中へもう一人、当時はまだ攘夷論者で二八歳の若い坂本龍馬が飛び込んできたことになる。

龍馬はその後海舟の門弟として神戸の海軍操練所や海軍塾の創設に関わり、その後海援隊を組織して活躍する。そのかれが翌三年四月二〇日頃、江戸で大久保忠寛から春嶽宛の書状を預かり、京から福井の春嶽へ届けに来た。更に一か月後、今度は海舟の海軍塾資金の援助を請うため再び来福した。二度目は藩内が挙藩上京に昂揚していたときであったが、小楠の口添えもあってか一〇〇〇両を認められている（『小楠遺稿』書簡一四七）。

このとき小楠は龍馬を三岡八郎の家へ伴った。三岡宅は小楠が滞在する足羽川北岸の客館とは川を隔てて相対しており、川舟で渡ればすぐである。三人は一夜飲み明かし、大いに談論を楽しんだようだ〔三岡丈夫 一九一六〕。小楠客館は、元は城内東側の明道館すぐ側にあったが、文久元年七月、三岡の計らいで藩の諸役所に近接して交通に便利、かつ風光明媚な河畔に移っていた。だから訪ねるのは容易だったのである〔吉田健 二〇一一〕。ともあれ、小楠は長崎交易を軌道に乗せた制産方頭取の三岡を高く評価し、私的にも信頼していた。しかも当時は財政トップ御奉行役の一人で、かたわら郡方や農兵取調掛りを兼務する要職にあった。それ故龍馬の奇才を見抜いた小楠がかれを三岡に紹介したのであろう。

**熊本の小楠と福井**　文久三年（一八六三）七月、福井藩情は挙藩上京中止で一変した。横井小楠は熊本に戻ったが、熊本藩から前年の江戸での「士道忘却事件」を問われ隠居・謹慎の身である。もっとも小楠の謹慎はそれほど厳しくなく、自らの熊本社中とは文通・交流できたし、勝海舟などとも同様だった。元治元年（一八六四）四月には勝の使いで坂本龍馬も熊本を訪れている（『海舟日記』）。

ところで、慶応二年（一八六六）、福井の春嶽は幕府による長州藩の扱いに頭を悩ませていた。そこで側用人毛受鹿之助に命じて小楠の意見を求めさせた。すると小楠はこれに応え、七月三日付で手紙を返した。長州出兵を強硬すれば幕府軍の敗北は明白で、国内はますます混乱する。故に幕府が誤りを認めて出兵を中止し、「天下人望之名公」を登用して「天下之人心」が納得する「政事」を議すべきとの論である（『小楠遺稿』書簡一六八）。感銘をうけた春嶽は八月、家臣下山尚を小楠の元へ遣し、家老中の伝言に名を借り意見を求めた。そして、その返事（「建白」）にも「感心」し、このとき小楠の窮迫を知って生活資金一〇〇両を送った（『同』書簡一七七）。こうして両者の関係は一挙に復活することになった。

気をよくした小楠は三岡八郎の再登用を訴えた。これには藩が少し前の四月に、家老本多飛騨・松平主馬、六月に長谷部甚平・三岡など、文久三年及び元治元年の重罰者たちに対する「咎」を免除していたことが大きい。実は藩内には以前からかれらとつながる「社中」があり、小楠が重視する「心術の一途」に徹して修業・集会を行っていたらしい（『同』書簡一七六）。しかも長谷部甚平などは処罰が解かれる以前からかなり自由になっていたかもしれない。それはかれが二年八月一九日付で小楠に書簡を送り、「恩赦」が出たことを告げ、また長州問題等でかなりの知識を披露していることなどからも窺える（「横井家文書」）。

慶応三年一月一一日、小楠は中老役見習になった信頼する松平源太郎に対し、春嶽に提示するつもりで「国是十二条」（『激動と福井』68）を書いた。源太郎は内容を自身で検討し、小楠にも質問の上、六月頃春嶽に献呈する。福井藩、日本国家が今後に目指すべき項目を一二か条にわたり列挙し、簡単な説明を加えたものだが、小楠は再び春嶽に拠って目指すべき新政体の実現に意欲を燃やしたのである〔猪飼・小倉 二〇一一〕。

そんな中、小楠はとりわけ三岡の修行ぶりを称え、元職への復帰を期待した。二年一二月七日付でアメリカ留学中の甥に宛てた書状で、かれは「修行之功」あって「以前とは人物大にうち替り」、「当時市・在一統三岡を景慕すること甚だ敷、家中も十に七、八は三岡々々と申し候」と、かれの間近にいるような褒め方である（『小楠遺稿』書簡一七六）。だが、春嶽は三岡が「臣子の名分」に背いたことを忘れず、復職させる気にはならなかった。

**たばこや会談**　慶応三年（一八六七）一〇月二八日、坂本龍馬が三度目の来福をした。用件は土佐藩後藤象二郎から託された山内容堂の書簡を春嶽に渡し、大政奉還後の京の「近況」を説明して春嶽の上京を促すことにあった。

応対した目付村田巳三郎は話を聞いて春嶽に報告したが、上京のことはすでに藩内で議論し決定しており、話し合

写真9　三岡八郎

いは京でということであった（『丁卯日記』）。しかし、このとき龍馬は他にも目的をもっていた。それが明らかになったのは、近年発見され話題になったかれの後藤象二郎宛の報告「越行の記」（『激動と福井』78）である。それによると、一つは目前に迫った新政体設立をにらんで、春嶽の考えや福井藩の「藩論」を知ることであった。大政奉還について福井藩の反応を確かめ、今後の方針を見定めようとしたのである。

もう一つは、三岡八郎に会い新政府の財政担当に引き入れられないか話してみることだった。三岡とは文久三年（一八六三）の一夜の対談以外に交流はなかったが、小楠から成長ぶりを聞いていたと思われる。もっとも龍馬は慶応二年八月末頃、長崎で前述の下山尚と会い、かれから示唆を得ていた。福井藩内で「民政会計ヲ托スル人」は三岡八郎だが、かれは春嶽の「忌諱ニ触レ幽閉年久シ」との話である（『龍馬全集』第三部九）。だから龍馬は直接会ってみたかった。幸い応対してくれたのが旧知の村田巳三郎だったことから、かれに三岡との面会を頼み実現することになる。

翌日、三岡は、他国人との面会は禁じられているからといって、松平源太郎に付き添われ、龍馬の宿泊先「たばこ屋」にやってきた。このときの二人の会談については、三岡が明治六年（一八七三）以降に「記憶ノ慨（概）略」を記した「坂本龍馬三岡八郎会見顛末記」（『激動と福井』77）、及び「由利公正自筆」とする明治二三年六月「坂本龍馬遺事録」（『龍馬全集』第三部三一）がある。ただし両記録には辻褄の合わない所があるので、ここでは前述「越行の記」によって確認しておこう。

二人はうち解けて当面する課題など親しく談論した。三岡は、将軍家が「反正」しているなら何故早くその「形」を示さないか、「近年来幕府失策のミ」と述べたという。次に「金銭国用の事」を話題にした。三岡は、幕府財政の内実は「唯銀座局計り」だと言って「気の毒」がり、龍馬もかれの話に引き込まれ次のように書き加えた。

　惣して金銀物産とふ（等）の事を論し候ニハ、此三八を置かハ他ニ人なかるへし、

「三八」とは三岡八郎のことである。海援隊を組織し外国との交易に従事している龍馬にとっても、三岡の弁舌は魅力的かつ信頼できると映ったようだ。「金銀物産」はここでは財政運営や産物生産とその流通・交易全般を指すのであろう。龍馬は小楠から三岡のことを聞いていたはずで、だから話を疑わず受け止めたに違いない。

五日に京に戻った龍馬は早速福井でのことを後藤に告げた。そして練っていた「新政府綱領八策」（「八義」とも呼ぶ）の作成にとりかかった。それには「天下有名ノ人材ヲ招致シ」、「有材ノ諸侯ヲ撰用シ」、「諸侯会盟ノ日ヲ待ツテ云々」といった文言がある。かれはこの「八義」を踏まえた政権にどんな人物を配置するか、心躍らせたのである。このとき財政は三岡が担い、「諸侯会盟」の「盟主」には徳川慶喜や山内容堂に加え春嶽も候補に挙げていたようだ。ここで言う春嶽のことは中根雪江も承知していたと思われる（『丁卯日記』）。

一一月一〇日、京に戻っていた龍馬は福井藩邸の中根雪江に手紙を書いた。二〇一七年に発見され、先の「越行の記」と併せ大きな関心を呼んだ書状である（『激動と福井』79）。まず今度の春嶽上京は「千万の兵を得た」思いだと称えるとすぐに本題に入った。先頃直接申し上げた三岡八郎の「上京御出仕」の件は急を要しており、早々に裁可してほしいとの単刀直入の要請である。

　三岡兄の御上京か一日先に相成り候得ハ、新国家の御家計御成立か一日先に相成り候と存じ奉り候、

龍馬は福井で三岡に会った後、すぐに福井藩へかれの上京を要請したが、その返答がなくやきもきしていたのだ。上京が一日遅れれば、新国家の財政も一日遅れると、三岡へ大変な惚れ込みようである。しかし、手紙を書いた四日後龍馬に悲劇が襲った。刺客に襲われ命を落とすのである。

**三岡、参与となる**　さて、春嶽は一二月九日の小御所会議から一三日頃まで、なお武力を背景とする薩摩藩西郷や大久保の横暴な態度に憤慨し、岩倉具視に対しても「暴魁」と呼ぶなど、腹に据えかねていた。それが一二日に徳川慶喜が幕臣や会津藩などの暴発を恐れて京から大坂城に移ると落ち着いた。朝廷による統一政権が少し安定し、一応内戦も回避できたからである。おかげでこの一週間ほどの激動を振り返る余裕が出てきた。このような変革を成功させた天下の人材として、土佐の後藤象二郎、次いで中根雪江などと考えたり、内戦を避けた徳川慶喜の「聖徳」によって太平が維持できたとか、この「時節」に居合わせた自分も「英雄」の一人かと自負してみたりする。雨降って地固まる、「雨をふらせ候も矢張薩之効業」とむしろ薩摩を評価するほどだった。春嶽は今度の小御所会議を「天下之一大戯場」になぞらえたこともあった。苦笑しつつも安堵したのである（『書簡集』九二・九三）。

一二月一八日、新政権仮御殿から藩邸へ呼び出しがあった。留守居が出向くと、三岡八郎を新政府に登用するので早々登京させるようにとの書付を渡された（「茂昭家譜」）。坂本龍馬から三岡のことを聞いていた土佐の後藤象二郎が岩倉具視に伝え実現の運びとなったのである。福井の三岡へ連絡が入ったのは呼び出し三日前の一五日のことで（『藩士履歴』）、かれは当日すぐに出立した。京へ着いた一八日中には参与職の辞令を受け取ったと思われる。初出勤は二三日で、この日先に参与に任じられていた福井藩の三人と一緒に参朝し、同役の尾張藩士林左門と共に「金穀出納所」担当となった（『激動と福井』93）。

三岡登用の件は、春嶽はもちろん国元の茂昭以下も不満で、しぶしぶの承諾だったろう。春嶽は二一日付茂昭宛の書状（『書簡集』九五）でかなり弁解している。

> 隠居と申、国議にはもとより一切関係せぬゆへに、越前藩中の参与と相成り候ては、十分の見込みも朝廷へ申し出で兼ね、且主人へ関係候様の義これ有り候ては恐れ入り候旨にて御辞退申し上げ、御用中ハ越前藩にこれ無き御取扱い成し下さる、

三岡は隠居の身であり、藩の議事に関わって来なかったのだから、福井藩代表の藩士として朝廷に言上できる見識はないと断っており、だから登用は政府がそのことを承知した上での扱いになるはずとの説明である。もちろん春嶽は気になった。一八日の夜遅く三岡を同じ参与の毛受鹿之助などと一緒に呼び出している。すると「何分先年の如き事ハこれ無く、余程学問ハ出来候様相見え申し候」と、一転好意的な評価に変わり始める（同）。そして翌日も呼んで話をし、翌年一月には九回に及んだ（松平文庫七〇五）。かれ自身も家臣としてうち解けていったに違いない。

付記すると、藩内では三岡と同じ扱いであった長谷部甚平も五月二六日、新政府より美濃笠松県知事に取り立てられ、一旦断ったが九月に着任、明治四年（一八七一）には岐阜県令となった。

**「五箇条の御誓文」**　慶応三年（一八六七）一二月九日、新政権が発足したものの不安定、それに大坂城に去った徳川慶喜からの辞官納地の返事もない。それを請け負わされた春嶽は立場が不利になる心配もあり、二六日に大坂城へ赴いた。幸い慶喜は承諾の意志を示し、二九日請書を持って安心して帰京する（『丁卯日記』）。

ところが翌四年正月三日、薩摩・長州勢を中心とする新政府軍と旧幕府軍との間で恐れていた戦闘が勃発した。鳥羽伏見の戦いで、以後約一年半に及ぶ戊辰戦争が続くことになる。叫び続けた内戦回避論は吹っ飛んでしまった。公議政体論にかけてきた春嶽・福井藩などの勢力は気をそがれ、旧幕府・慶喜等との文通も禁止されてしまう。予想外の事態に春嶽は議定職の辞任を申し出た。

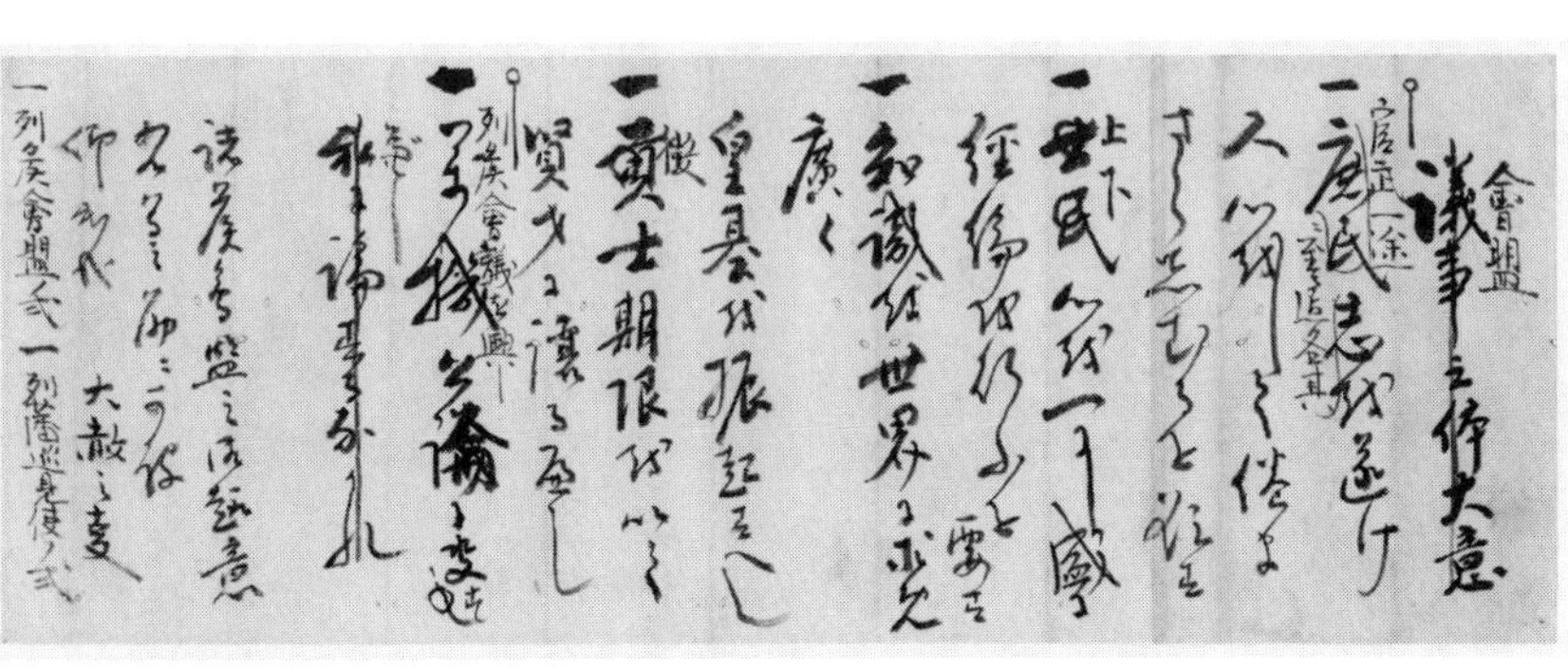

写真10　議事之体大意

だが、新政権は戦闘を有利に進めるためにも春嶽を排除する訳にはいかない。錦の御旗を掲げて幕府軍との戦闘に臨むかたわら、一方で具体的な新政権の体制確立にかかっていた。一月一三日に太政官代を設け、一七日には三職七科の制を定める。春嶽は七科の一つ内国事務総督、中根雪江は一九日に内国事務掛りとなった。二二日には新たに青山小三郎も徴士参与となり内国事務掛りに任じられた（『修理日記』）。

新政権を支える理念づくりも進められた。三岡八郎の書付に始まる「五箇条の御誓文」である。『由利公正伝』によると一月七日夜、三岡が大久保利通・後藤象二郎・福岡孝弟・岩倉具視たちと戦費を含む政府会計基立金の調達を協議し内定した後、これを進めるには「天下の方針」、すなわち大義を明らかにすべきだと岩倉に求めたことが発端であった（三岡丈夫 一九一六）。このときは話が熟さないままに終わったが、三岡は夜藩邸に帰ると自分の考えを「五ケ条」にまとめ、「懐紙」に「石筆」で記した。翌朝それを村田巳三郎、次いで毛受鹿之助に見せ、登庁後更に土佐藩出身参与の福岡孝弟にも読んでもらい、その上で岩倉に届けるよう頼んだという。一読した村田と福岡は賞賛したと言い、福岡の尽力が大きかったとも述べている。

**「議事之体大意」**　「議事之体大意」（写真10）は三岡の書付に福岡が手を加えたものである。このうち福岡の加筆修正分を除いて三岡筆の原文のみを示すと次の通りである。

議事之体大意

①一、庶民志を遂け、人心をして倦まさらしむるを欲す、
②一、士民心を一にし、盛に経綸を行ふを要す、
③一、知識を世界に求め、広く皇基を振起すへし、
④一、貢士期限を以て賢才に譲るへし、
⑤一、万機公論に決し、私に論するなかれ、
(後筆)「諸侯会盟之御趣意、右等之筋ニ可被仰出哉、」

タイトルからもわかることだが、これは「議事」すなわち新政権がいう政体とその運営を、理念として的確に示すことにあった。そこで挙げたのが、①庶民それぞれが生き甲斐を感じられる国家を目指すことであり、それには②の「経綸」、即ち国を正しく治め、武士や庶民が身分を越えて産業・経済に励めるようにすることだった。③は鎖国攘夷を改めて開国和親とすること、及び天皇親政を強調する二つからなるが、要するに旧幕府政治の払拭と新体制への転換を宣言することである。④と⑤はそれら①から③を目指すに当たっての基本原則である。諸藩から選ばれる政府役人「貢士」に任期を設け、すぐれた人物「賢才」が担当できるようにすること、かつ、万民が納得する「公論」に基づくよう求めている。「開国」「公論」「経綸」は横井小楠が早くから重視し、春嶽も共に主張してきたものであり、福井藩論ともいえる理念である。

わずか五か条だが、民政の安定と殖産興業、そして開国方針と公議政体論に基づく国家構想や政権運営の理念を簡潔にまとめている。小楠を信奉する三岡はあまり苦労しないで書き付けることができたのであろうか。ただし小楠が

言うように、それは三岡が処分されて後の隠居生活を修養の中に過ごし、小楠思想を体得した結果であり、それと坂本龍馬との対談が影響していたかも知れない。

こうして「五箇条の御誓文」の素案ともいうべきものが生まれ、次に写真にみえるように福岡孝弟の手が入った。かれは現実の政治動向を踏まえ、これを三岡も納得できる「列侯会議」による「会盟」に改めた。大政奉還建白に基づく土佐藩論に沿う形に整え直したのである。後筆部分によれば三岡もこれを了承したことが窺える。だが、木戸孝允が更に手を加えた。これでは公卿勢力を無視することになりかねず、天皇親政の趣旨にも沿わないと考えたようだ〔佐々木克 二〇一四〕。新たに一条「一、旧来の陋習を破り天地の公道に基づくべし」を加え、また各条の順番入れ替えを含む修正も行った。こうして国家の立場を重視する立場から、天皇が群臣を率いて神前で誓う「誓文」のかたちに改まり、三月一四日、その儀式の後で発布されたのである〔大久保利謙 一九五七〕。

なお、この「誓文」を「福井藩論の憲章化」と誇る向きもあるが〔福井県史 一九九四〕、その点は今少し検討が必要と思われる。その評価であれば公議政体論の立場からは、むしろ三岡案の方がより近いであろう。

**金札の発行**　新政府は財政基盤が未整備で、莫大な軍費はおろか当面の経費にも事欠いていた。そこで「御用金穀」担当の三岡八郎に取扱の沙汰が下った。するとかれは直ちに会計基立金として畿内を初めとする各地富豪から三〇〇万両の大金を募集することを建議した。余りに大金だったことから紛糾したが、慶応四年（一八六八）正月二三日、太政官で可決される。併せて三岡は富国策として新規に金札を発行し、一三年賦で償還する案も提案し認められた。

三〇〇万両調達の件は、およそ二七〇万両近くが集まったという。大部分は京都・大坂・大津で集め、一部は畿内近国に及び、越前からも三国の豪商宮腰屋（森氏）が単独で三五〇〇両を納めている〔沢田章 一九三四〕。

ただし調達金は当面の政府運営資金に過ぎず、三岡がより重視したのは金札の発行であった。これこそ「御一新」

に応え、人々に産業資金を貸与して殖産興業を計り、富国を実現するために不可欠だと訴えた。このとき三岡は、横井小楠が万延元年（一八六〇）に福井藩の殖産興業策の中で考えた論理方法にならい実行しようと考えたようだ。小楠は福井藩是を目指した「国是三論」中の「富国論」（『小楠遺稿』論著六）で次のように説いていた。

　壱万金の銀鈔を製し民に貸して養蚕の料に充て、其繭糸を官に収め、是を開港の地に輸し洋商に売ならば、大約壱万千金の正金を得べし、

　同じやり方で三岡案は、当時の日本人口を三〇〇〇万人と見積もり、三〇〇〇万両の金札を殖産資金として発行するというものだった。これを年一割の利足で各藩石高に応じて貸与し、元利を一三年間で償還させる計画である。当然のようにこれは金札への不信から極度のインフレに陥るとの強い批判がわき上がった。だが誰も対案を出せない。結局、三岡に任せることに落ち着き、慶応四年二月二九日、京都両替町の銀座跡を修復し作業が始まった。

　金札用紙の製造は全権が三岡に委ねられた。三月五日、早速かれは「参与御用」として福井に赴き、藩庁重役以下と協議した。越前和紙を生産する今立郡五箇の三田村氏を取締として紙漉業者に指示し、京へ戻ったのは二二日である。このときかれは藩士吉田文蔵と五十嵐初次郎を伴った〔沢田章一九三四〕。二人は京都で金札製造方頭取として取締役以下の製造方組織を指揮・監督し、翌年五月の発行停止まで無事勤める。吉田は下級臣ながら、以前に藩の札所奉行下代を務めた経験を買われたのである。五十嵐も藩の札見雇下代であった（松平文庫九二三）。

　福井藩は全面的に協力した。郡奉行が指示して五箇の漉屋元締（御紙屋）五人に請書を出させ、かれらの下に諸役掛りを配置して準備を整えた。米・楮・雁皮は藩の惣（総）会所（前産物会所）元締の一人三好助右衛門が担当し〔岡本村史一九五六〕、製品の京都への納入は家臣の前田順右衛門・同能勢静造（角右衛門）の二人を「御用掛り」に任じ当たらせた。発行札は拾両・五両・壱両・壱分・壱朱の五種で、三岡の指揮と藩の全面協力によって用紙漉きは滞りなく進行した。京

で銅判彫刻による元版を製造して印刷し、翌二年五月までに四八〇〇万両が発行される。

金札は慶応四年五月から殖産資金として全国各藩や主要都市の豪商たちに貸し出されていった。このうち各藩へ貸与されたのは約九七〇万両で、越前・若狭では福井藩が二三万両、小浜藩六万両、丸岡藩三万六〇〇〇両、大野藩二万四〇〇〇両、勝山藩九五〇〇両、鯖江藩一万五〇〇〇両、福井藩預所六万両などとなっていた。福井藩は別に「生糸買入」として二三万両を借用しているが、これは三岡との関わりによったものだろう〔沢田章一九三四〕。

明治二年（一八六九）秋は天候不良から大悪作となり、翌三年は米価が高騰し在方は難渋した。しかし、五箇村は金札漉立てに沸き、しかもその飯米や手間代、原料の楮も下付され、「豊作同様の安楽」だったという（『今立町誌二』二─九─五）。五箇紙漉業者にとっては幕末期の不況を一気に吹き飛ばすような景気に見舞われたのだった。

## 二　福井藩の公議政体

**戊辰戦争と福井藩**　慶応四年（一八六八）正月、新政府は江戸へ向かった徳川慶喜に追討令を発し、東征軍を東海道、東山道、北陸道の三方面に分けて組織した。北陸道の鎮撫総督には公卿の高倉永祜、副総督に同四条隆平を任じ、二人は「不信」の嫌疑がかかる前小浜藩主酒井忠禄（忠義を改名）にその先鋒を命じた。高倉総督は一五日、若狭小浜から越後三日市の諸藩主等へ勅使発向を順達させ、二〇日京都を発って小浜へ向かった。二月一五日に福井城下西本願寺掛所に到着し、翌日、病気の福井藩主茂昭に代わり拝謁に出た筆頭家老本多興之輔などの重役や越前南条郡以北の四藩主に対し、王政復古の「大号令」と「制札」・「農商布告」の三点の「書付」を渡し、朝命に服する誓約書を出させる。一行は二八日まで滞在した（「茂昭家譜」）。

議定職の春嶽は江戸城徳川慶喜の動きに神経を尖らせた。慶喜が新政府への恭順を示しつつも、東征軍との間で戦争が勃発する疑いがあったからである。二月五日には家老本多修理を江戸へ派遣して慶喜を説得させている。一九日には政府に対し、慶喜は伏罪して上野寛永寺に謹慎しているとして「天下公議」による「処置」を主張し、政府へ進軍中止を建白した（『戊辰日記』）。

三月一四日、京では「五箇条の御誓文」が発布され、江戸では西郷隆盛と勝海舟の会談により無血開城が決まった。新政権の前途は開けてきたように見えた。だが彰義隊などが上野に籠もって抵抗し、また会津藩が敵対、東北諸藩にも広がっていく。とうとう春嶽はまた進退を漏らし始めた。

状況は悪化の一途をたどった。五月に入ると越後長岡で北越戦争が勃発、東北諸藩は越後を巻き込んで奥羽越列藩同盟を結んだ。一五日、江戸では政府軍が彰義隊を敗走させ東北へと軍を進める。二〇日には福井藩へも弾薬調達や徴兵が伝えられ（『茂昭家譜』）、六月、政府は本格的に福井藩の出兵を求めてきた。

この頃福井藩内では重臣たちが出兵問題で難しい状況に陥っていた。徳川慶喜が七〇万石の一大名として駿河に追いやられたことに対し、家老本多興之輔が徳川家擁護の立場から新政府の唱える会津「征討」に強く反対し、これに同調する家臣も少なくなかったからである。松平備後や田内源介・村田巳三郎等はその意見には与しないものの、かれらも「攻撃斗りニテハ迚も天下治ル見込これ無し」とし、内戦は国内状況を更に悪化させるだけだと納得しなかった。そして双方共に春嶽のいる京都藩邸へ乗り込んできた（『修理日記』）。

福井城内での論争が京藩邸で改めて繰り返された。だが大勢は興之輔には同調せず、結局藩は出兵を認めることに傾く。もっとも、名目は反乱軍を討ち果たす「征討」ではなく、かれらを鎮め宥める「鎮撫」のためだとし、六月一一日、中根がそのことを政府に申し入れた。しかし、今頃何をと一蹴される（同）。他藩から福井藩への嫌疑も出ているとし、出兵の形だけでも示すよう催促される始末であった。二〇日には政府弁事局より至急五〇〇の兵を越後へ送り出すよう指示があった（「茂昭家譜」）。

七月に入ってだが、京では本多興之輔を中心に福井藩内「不穏」との噂が流れたようだ。更に遅れるが、八月六日、側近第一の中根が京を出て福井に帰った。それは三岡八郎の話では、春嶽のことで中根が悪影響を与えていると岩倉具視が疑念を懐いていたからだという（『修理日記』）。新政府における春嶽の立場はかなり難しい状況にあった。なお、中根はこれを機に身を引き、再び政治の表舞台に立つことはなかった。

**越後出兵**　福井城内では出兵準備を本格化させ、一番手として六月二四日に大砲隊、二五日に四番大隊・一番大隊・監軍・医師、二六日に遊撃隊を越後高田へ出発させた。その人数は夫卒三六四人を含めて計九七六人、少し遅れて府中本多興之輔隊が二一六人、総計一一九二人に上る（その後別に九月六日にも二七二人出兵させた）。なお、藩主茂昭の出馬は七月五日と決定し政府へ報告していたが、病気のため名代として本多が「鎮撫筋」を前提に出動することになった（「茂昭家譜」）。

政府からは軍事物資や弾丸等の運送指示が次々と届いた。六月二五日に会計官から弾薬代五〇〇〇両が届くと、七月四日には草鞋三〇万足、梅干四斗入二〇樽、漬物同二〇樽、空俵一〇〇万枚を高田へ運送するようにとの命令があった。その後兵員・物資の輸送用に藩が所持する洋船富有丸の提供を求められ、また八月五日には越後口で弾薬が不足だとして五〇万発の運送も命じられる。藩はとりあえず二七万発を送り、一一日には先に軍資金一万両のほか指示のあった草鞋や梅干など、それに空俵三万枚を送ったと政府会計官へ報告している。弾薬は八月一八日までに七五万発を送っており、福井藩製造の弾薬は性能が高く期待されていたようだ（同）。

福井藩勢は越後長岡で激しい戦闘を交え、北上して村上城攻撃にも加わった。その後出羽・越後境の鼠が関（念珠関）でも激しい戦いを経験する。しかし、戦闘はおおむね政府軍が終始優勢であった。九月二二日に会津藩が降伏、東北諸勢も同月末までにほぼすべて政府軍に降った。よって福井藩兵は六小隊のみを会津に残し一一月に福井へ帰ることができた。越後口では戦死者一〇人、負傷者三二人を数え（『復古記』）、九月の若松城下周辺でも死者二人、重軽傷者七人、行方不明者一人が確認されている。相当の犠牲と負担を強いられた戦いであった（「茂昭家譜」）。大勢が福井にもどったのは一一月中旬のことである。

越後口の戦いには小浜藩も戦闘に参加した。同藩は北陸道鎮撫使の先鋒を命じられ、更に長岡攻めには総勢三四八人を動員するなど大きな負担を強いられた。大野藩は戊辰戦争最後の戦闘地となった箱館戦争に動員された。総勢約一五〇人が九月二五日に大野を発ち、イギリス船で箱館に到着、その二日後には戦闘に加えられた。戦況が不利で一旦青森に退いたが、翌年四月五日に船で江差方面へ向けて進軍、箱館五稜郭での戦いにも参加し、戦死者六人を出している。大野藩兵が動員されたのは、同藩が幕末期に早くから蝦夷地開拓に取り組み、藩主土井利恒が箱館裁判所副総督に任じられるなど、この地域の実状に通じていたからであった（『福井県史』一九九四）。

**福井藩と越前諸藩**　福井藩は東北戦争への出兵という苦渋の選択をしつつも、なお藩の立場を保持し、独自の位置を守ろうとした。そこで越前各藩との連携を強めようとした。契機となったのは慶応四年（一八六八）一月後半である。小藩である丸岡藩・鯖江藩・大野藩・勝山藩の越前四藩は勅使（鎮撫使）下向への対応を心配し、共に福井藩に頼ろうとした。「何分御家様の御手へ属」するかたちにしてほしい、「長屋」へ置いてもらっても構わないと述べたという（『修理日記』）。その考えは二月九日、太政官代が北陸道の先鋒総督兼鎮撫使発向に伴い、福井藩を越前・若狭七藩の「触頭」と心得るよう達したことで一層現実味を帯びた（「茂昭家譜」）。

ところで、福井藩は幕末の混乱が深まる中、越前各藩とは様々に関係を強めてきた。中でも重視してきたのが大野藩である。同藩は福井藩に先だって藩政改革を実施し、大きな成果を挙げていた。対外危機を見据えて洋学を取り入れ軍事力を強化し、また藩営の大野屋を各地に置いて他領・他国との産物交易を推進した。洋式帆船大野丸を擁して蝦夷・樺太にまで出向くなど、目覚ましい活動ぶりであった〔福井県史　一九九六〕。それを知って福井藩は安政期（一八五四～六〇）以後同藩との交流に努め、学ぶ所も多かった。賓師として福井藩に招かれた横井小楠も大野藩を高く評価する（『小楠遺稿』書簡七一）。おかげで両藩の関係は深まり、福井藩は御奉行勝木十蔵、大野藩は家老内山氏が中心となり、双方の往来や書状交換が頻繁に行われ、時に国政に関わる情報も含まれた（越前大野土井家文書）。

勝山藩は独自に藩政改革を行って煙草や生糸の専売制を進めてきた。このうち煙草は勝山・大野地域の特産物として盛んに生産・販売されており、それらの荷物の三国下げをめぐり福井藩ともめることがあった。しかし、福井藩は文久元年（一八六一）七月、殖産興業策推進の立場からたばこ荷物の「改会所口銭取立」を止め、勝山藩と福井藩は産物流通の面で結びつきが強まった（『福井市史６』一三五七）。勝山藩も横浜交易に乗り出すが、同二年には福井藩横浜の越州屋全（金）右衛門を通して外国へ生糸売り込みを行ったりしている〔本川幹男　二〇一五〕。

鯖江藩は、藩主間部詮勝がかつて大老井伊直弼の下で老中として安政大獄を指揮したことから福井藩との関係は複雑であった。だが時の経過とともに対立感情は弱まり、交流する機会も増えていった。丸岡藩は藩主有馬道純が文久三年七月から元治元年四月（一八六四）まで老中を勤め、国政問題で松平春嶽やかれの側近たちとも意見を交わすようになり、やはり距離が縮まるところがあった。

このように四藩はそれぞれ違いがあるものの、福井藩の経済政策や中央における春嶽の存在の大きさから次第に関係を強め、頼ることが多くなった。文久三年三月、京にあった政事総裁職春嶽は政情混乱の不満から職を抛って勝手に帰城するが、すると藩は同月二七日、四藩の家老たちを招き、福井藩からは全家老を含む重役たちが出て「国論」を談じあった(『福井市史5』二六六)。幕府に無断で越前国五藩の重役が一同に会し「国論」に意見を交わすという、従来あり得なかったことが起こったわけで、福井藩としても新たな段階に踏み出したことになる。

その後では慶応元年一〇月六日にも四藩の重臣たちを福井城に集め、福井藩重臣から長州出兵問題で紛糾する状況の説明があった(『続再夢紀事』)。また大政奉還後の同三年一〇月二三日、四藩の重臣たちがやはり福井城に馳せ集まり、「此時節御家へ御倚頼申上候旨、同心一心御奉公仕り度」、と福井藩家老酒井外記に申し出ている(『修理日記』)。五藩の関係は随分と緊密になり、福井藩は頼られる存在だったのである。

**越前五藩の連合構想**　慶応四年(一八六八)三月、春嶽は国元の藩主茂昭から書状を受け取った。朝廷から福井藩が越前各藩「触頭」を命じられたことを受け、大野藩など越前四藩から、今後は万事福井藩の「指揮」を受けたいと申し出があり、春嶽に意見を求めてきたのである。春嶽は同月一〇日、早速意見を認め腹心の側向頭取香西敬左衛門に送った。香西を通して重役たちに見せ、検討させるためである(『書簡集』一一三)。

冒頭に「第一盟約之事」とする題を掲げた。今や徳川家の支配はなくなった。それ故四藩の藩主や家老が福井城に集まり「政事向」を論じても問題はない。まず「君侯」が集会するための基本となる「大盟約」を立てるべきだとの主張である。そして次の五項目を挙げた。

第一、君侯の役割は国民の保護を通して朝廷へ奉公することにある。そのため兄弟のように交わり親しく相談し合いたい。

第二、各藩の安危に関係する土地・人民・山川は領内限りで支配する。ただし金山・銀山・製産等は五藩で相談し取り決める。

第三、朝廷からの命令は福井藩が伝え、越前一国に関わることは各君侯が相談し取り決める。

第四、各藩より代表一人ずつを福井へ出し、諸務を相談する。

第五、金銀及び札所のあり方等は各藩と相談し合う。

領土は各藩の権限の範囲であり、越前一国に及ぶことや互いに関わり合う問題については、藩主や家老が隔意なく相談して決めることとし、各君侯との融和と協力に重点を置いている。君侯は春秋に会合し、合間に福井藩主も馬で各藩を訪問すべきだとか、これまで三国湊等の津留・津出しが福井藩の専権だったが、これらは一国の安危にも関わるので各藩相談し合おうとの意を含む提案である。藩札の扱いでも、「銀局ハ福井銀局ニあらす、越前之銀局」と発想の転換を求めた。そして大野屋経営の実績をもつ大野藩家老内山七郎右衛門と相談するよう伝えている。

春嶽はこのような展望をもって福井藩を中心に五藩が連合して難局に当たるよう求めたのである。これは従来にはなかった「地域支配を再構築するまったく新しい政治構想」と評価されてよいだろう〔高木不二 二〇〇五〕。同時に、ここには中央で果たせない藩連合による公議政体を越前で実現してみたいとの意欲も込められているようにみえる。

各藩の側からも福井藩と協力して政策を進める動きが出てきた。慶応四年四月、勝山藩は前年幕府から出された「蚕種」取締触を挙げ、今は「御国中万事」統一して動く必要があるとし、その売買には「福井藩製産方」の「越会改」と刻した改印のあるものに限ると領内の糸商人や糸引き業者に申し渡している（松屋文書）。各藩間の距離も次第に縮まっていった。翌明治二年一月一三日、福井藩の働きかけで四藩の奉行クラスが集まり、福井藩側から小笠原丹後（田内源介を改姓名）と産業頭取出淵伝之丞が「町在職業改」や「職業鑑札」について、取締や扱い方にも差がないようにしたいと提案し同意を得る（松平文庫七二一）。

**評定局の設立**　福井藩は公議政体を標榜する立場から、それにふさわしい評定局と称する新たな「議事」の場を設けることにも熱心に取り組んだ。発足は慶応四年（一八六八）四月一一日のことである。場所は家老格稲葉俊之助の屋敷を一部借用し、一四日に開局式を行った。そして一六日には家中・町在へ次のような通達を出した（『福井市史6』一四五七）。

今般、評定局御取り建て遊ばされ候ハ、人心の塞(ふさが)りを解キ、上下の情を御通し遊ばされたくとの御趣意ニ候間、心付きの事又はかくもありたくと存じ候者ハ、誰成(だれなり)とも遠慮なく評定局へ申し出、又ハ目安(めやす)並びに書取を以て差し出し候様致すべき事、

但し目安箱ハ評定局大橋詰へ指し出し候事、

評定局は「人心の塞がりを解き、上下の情」を通すためであり、身分に縛られず町人・百姓でも意見を出せるよう、北陸街道足羽川(あすわがわ)の九十九橋詰(つくもばしづめ)に目安箱も設けるという。庶民も藩政に不満や意見を示せる新しい時代が来たことを伝える説明である。

問題はそれに参加する構成員である。実はこれより前の三月七日、藩主茂昭は京の春嶽に前述四藩の要望を伝える書簡を送るにあたり、役職の改編や新設、及びそれらの人事案を付し了解を求めた。トップを本多興之輔とし、家老数名を国政惣督(こくせいそうとく)、次いで参政(さんせい)数名の名を挙げ、惣督の下には商政(しょうせい)・司計(しけい)・郡政(ぐんせい)・会所(かいしょ)・執法(しっぽう)の各局や参謀(さんぼう)を置き、各局の責任者を元締とするなど、従来の制度を一新する提案である。

すると春嶽は早速返事を返した。前掲三月一〇日付の香西敬左衛門宛書状の後半部分がそれで、手厳しい注文を連ねた内容だった。まず茂昭を別格として本多興之輔をトップとすることに疑問を向け、本多は茂昭の補佐役であるべきだとした。また国政惣督には家老の本多修理や松平備後が妥当で、田内源介・松平源太郎及び政府参与の酒井十之丞を参政として加えたらどうかと注文した。本多興之輔はまだ二四歳、春嶽はかれのこれまでの言動に不安を抱いていたのである。

春嶽はまた勝木十蔵の商政元〆（締）役は「評議」が必要で、かれは会所元締ではどうだろうと変更を求めた。特に注意したのは参謀案の村田巳三郎と千本弥三郎の件である。村田はこれまでの執法元締、千本は軍事目付にすべきという。理由は、もし提案された組織や人事が期待通りに機能しない場合、藩の権力は二人に掌握されることになり、それはやがて（二人に影響力がある）長谷部甚平と三岡八郎の手に移る、との心配からだった。春嶽は文久三年（一八六三）の挙藩上京計画の際の長谷部・三岡の言動が忘れられず、かれらの復活を懸念したのである。

国元の茂昭たちは驚いたことだろう。だが春嶽には反論できない。指摘を受けてかなり変更し、四月一一日の評定局設立に併せて任命した。名称も改め、副総裁本多興之輔を筆頭に、督務に松平備後と本多修理、督務並田内源介とし、評定役は村田巳三郎・千本弥三郎・松平源太郎、評定役並が堤五市郎・武田三十郎の計九人である（松平文庫一一九）。

もっとも任命はしたものの、これはなお暫定的な扱いだった。京の春嶽は翌閏四月一六日、今度は直接茂昭へ書状を送り、理由を説明して評定局の改編を求めた（『書簡集』一二六）。再度本多興之輔のことを問題にしたが、ここでは評定局の弊害についても意見を述べた。評定局が無責任な議論に走り、「国家之大議」を決定するようになれば、必ず物議が沸騰し「大弊害」が起こると心配したのである。だから評定局は諸局担当の頭取がその担当部局の責任を背負って「評義」に加わり、無責任な発言をさせないよう注意した。それに最終決定権は君主である茂昭にあることを改めて強く念押しした。

こうした上で五月四日、ようやく評定局体制が定まった。評定役はその日五人、その後八月二五日までに四人増え、本多興之輔など家老三人を除く全員の役職名も決定した。表6がそれで、実質自由な討議は自ずから制限されることになる。ともあれ難産の末、福井藩独自の「公議政体」ともいうべき体制がここに出来上がったといえるだろう。

**表6　慶応4年及び明治2年の福井藩評定役**

| 名前＼年月日 | 慶応4年5月4日任命 | 明治2年2月14日任命 |
|---|---|---|
| 本多興之輔 | 副総裁 | |
| 松平　備後 | 督務 | 執政職 |
| 本多　修理 | 督務 | |
| 酒井孫四郎 | | 軍制総管(一等官執政職後) |
| 酒井　外記 | | 守城管事(一等官軍制総管後) |
| 田内　源介 | 督務並其儘牧民会計掛り | 副執政(小笠原丹後と改姓名) |
| 堤　五市郎 | 評定役本役 | 参政職(軍制局幹事) |
| 松平源太郎 | 軍事奉行其儘執法局頭取兼 | |
| 村田巳三郎 | 評定役其儘町郡会所頭取 | 参政職 |
| 出淵伝之丞 | 評定役町郡会所頭取 | 参政職(民政局幹事) |
| 高田孫左衛門 | 御附御側御用人勤、評定役兼 | 参政職 |
| 香西敬左衛門 | 御附御側御用人勤、評定役兼 | 参政職(三之丸内務局幹事) |
| 平本　但見 | 御側御用人兼幷評定役兼勤 | 行事 |
| 勝木　十蔵 | 評定役開拓掛り | |
| 内田　閑平 | 産業元締役其儘評定役幷牧民会計方 | |
| 武田三十郎 | 評定役本役、司計副頭取 | |
| 千本弥三郎 | 評定役其儘、司計頭取 | 参政職(司計局幹事) |
| 大宮　藤馬 | | 参政職(内務局幹事) |
| 永見　司馬 | | 行事 |
| 北川亘之介 | | 行事 |
| 稲葉左司馬 | | 行事 |
| (人数計) | 15 | 15 |

(注1)『藩士履歴』により作成。
(注2) 各項の空白部分は評定役とは無関係であったことを示す。
(注3) 5月4日任命の項のうち、実は松平源太郎は5月25日、高田・香西・平本の3人は8月25日に任命され、勝木は12月16日に病気により御免となった。

なお、評定局の設立は人心の意志疎通をはかり、上下の情を通すことを目標としている。そこで春嶽は先の閏四月一六日の茂昭への書簡で、「別ニ下院ことき者をいつ方ニ而も取り建て」、「町人也百姓也卑賤を撰ばず」参加させて「下情聞き取り候様」にしてはどうかともちかけた。折しも中央では二院制公議会が論じられ、同じ閏四月の二一日に「政体書」を公布し、三権分立を掲げて上局と下局を設立する見通しだったことと重なる動きである。元来これらの構想は春嶽が早くから掲げており、それ故福井藩でもそれを実現しようと考えたのだろう。もっとも、二院制構想が実際に動き出した形跡はない。

**藩治職制**　明治元年（一八六八、九月八日に慶応を改元）九月二二日に会津藩が降伏した。すると政府はいよいよ全国支配の確立に力を注ぎ始めた。如実に示すのが一〇月二八日公布の「藩治職制」である。これは先の閏四月の「政体書」によって地方を府・藩・県の三官に分けた「府藩県三治制」の実を挙げるため、各藩ばらばらの藩制を改めさせ、地方支配を統一的に行うことを目的とするものであった。従来各藩が設けてきた複雑な職制を廃止し、「執政」と「参政」、及び「公議人」の三職を置くもので、かつ「執政」「参政」は「公挙」とし、そのなかから「公議人」を選んで政府へ出すこと、また、各藩も「議事ノ制」を立てて藩政を運営するよう促した。

「議事」制に関しては、福井藩ではすでに評定局を設立していたが、全国統一職制と言われればやむをえない。しかも翌明治二年正月、薩長土肥四藩主が版籍奉還を上奏するに及び、二月、福井藩主茂昭もそれに遅れるわけにはいかなかった。

かくして同月一三日、再度職制改革を断行した（「茂昭家譜」）。先の表6の明治二年の項である。副総裁以下の職を廃止して、新規に執政職・軍政総管と守城管事・副執政・参政職・行事を置き、各担当者も任命した。人事は一四日付で、執政を松平備後、副執政を小笠原丹後とし、本多興之輔や備後と同じ督務だった本多修理は外している。参政は七名、他に行事四人等を加え合計一五人の体制である。評定役もかれらによって構成された。

このとき藩政府は掌政局・民政局・司計局・軍政局・学校・監察局・内務局の計七局に分かれた。掌政局には掌政堂が設けられ、評定局も掌政堂に置かれた。郡役所は民政局と改称され、以後民政全般は同局が担当した。寺社関係のうち「農商分」もここに含まれた。なお、直後の二月二九日、前軍事奉行で執法局頭取だった松平源太郎も参政職に加えられ、「市政」担当の民政局幹事となった。同時に同じ参政職で民政局幹事の出淵は「農政幹事」となり、二人が町方と在方に分かれて民政の責任を負った（「茂昭家譜」・「公私録」）。

藩治職制に基づく藩改革は軍制を含め全職制の末端にまで及んだ。民政局の下には承事五人が置かれ、以下諸役の名称もほとんどが変更される。用水奉行のように廃止となったものも少なくない。このとき職階制も一等官から七等官の七等に改まり、旧来の職制はほぼ姿を消した（「茂昭家譜」）。

## 三　惣会所の設立と民政改革

**慶応末期の財政**　慶応三年（一八六七）、横浜の福井藩店石川屋の経営は順調だったようだが、長崎交易は薩摩藩との交易が止まって振るわなくなった。そこで藩は正月に行った産物会所と他国会所の両局立てを五月二日に統合し、「総会所」と改めた（「茂昭家譜」）。このとき藩の札所もここに併合した。会所奉行には前他国会所奉行の加藤藤左衛門と同他国会所掛りの内田閑平が就き、前（産物）会所奉行で長く財政に責任を負ってきた勝木十蔵は町奉行兼勝手掛りに転じる。加藤・内田二人の実務派官僚が仕切る体制で再出発を図ったのである。期待したのは翌四年正月に開港予定の兵庫（神戸）への進出である。三年八月、藩は同地神戸村生島四郎大夫の所持地三〇〇〇坪を借用する内契約を結び、同月一六日に幕府へその土地借用と建物普請を申請した（同）。だが幕府は「開港御用地」と近接していることを理由にこれを認めなかった。

財政不安は慶応四年に入り、新政府からの会津討伐の出兵指示を受けて深刻となる。六月の段階で、藩が確保していたのは別途借用金札を含めて約七八〇〇両ほどしかなかった。そのうち一か月分の入用に五〇〇〇両は必要だったからとても出兵どころではない。折しも佐々木権六がアメリカで購入した大量の銃砲が神戸港に着いたが、それらを福井へ運送する資金の目処も立たず思案に暮れる始末だった（『修理日記』）。

それでは当時の藩財政の実状はどうだったのだろうか。慶応四年の常量制「本払差引仮積」によると、年貢を中心とする通常収入が一六万九六四八両、他に調達金や「御内用」からの持ち出し分を含め、総収入は一八万二〇三三両であった。対する支出は総計二八万八一六三両に上り、差引一〇万六一三〇両という多額の赤字である。この時期の物価の大幅騰貴を考慮しても財政混乱はすさまじく、ちなみにこれを慶応元年の「再調平常量制本払仮積」と比べると、収入は約二・五倍、支出は約三倍であった（本川幹男二〇一七）。

ところで、慶応三年一二月「御内用金銀達書覚」（同）によると、「御内用金銀本」一五万両余、「御借入金銀」一六万両余、「買金銀利益」二万両余で、合わせて三四万両近くにもなる。「御内用金銀」が諸方への貸付や藩財政方への立替金として使用されたらしい。そして、この年は差引七万両余が残ったことになっていた。

ここにいう「御内用」とは通常は表に出ない特別会計扱いとされる資金のことで、この時期急激に増加していた。もっとも、同四年「御内用金銀量制便覧」（同）では、「御内用金銀」のうち札所借入分の返済残額が一〇万両余あり、また払いには藩財政方への立替金八万両、それに領内外の豪商たちを中心にした借用金返済や貸付金等に一一万両余が充てられるなど多方面にわたっている（表7）。札所資金とも混然一体となって藩財政へのてこ入れや殖産資金等に別途利用されていることが確認できる。したがって、藩財政を常量制収支でもって単純に赤字とは確定できなくなる。産物会所を通した多額の資金運用を含め、藩政の展開の中でみていくことが必要だろう。

**民政の重視**　慶応四年（一八六八）四月初め頃、藩郡奉行出淵伝之丞は太政官へ対し、領内と越前国内の民政について報告書を提出した。政府から「万民撫恤」の指示、加えて北陸道先鋒総督からの「御領当分取締」の「沙汰」

を受けて作成したもので、およそ次のような内容だった（『福井県史10』一―一二）。

①福井藩は「宿弊一新」を目指し、「牧民（領民支配）」行き届き「国中」穏やかになるよう努めている。

②幕府領では人々が「年来幕威」をかさに「我意」を張り、支配も乱れていた。今後は賞罰を厳にし「勧農制産」が必要である。

③越前国は諸藩等の所領が交錯し諸制度もまちまちだが、丸岡・鯖江・大野・勝山の各藩藩主や役人たちとはし

表7　慶応4年御内用金銀払方

| 払先 | 金計（両） |
|---|---|
| 御金方へ当座立用 | 80,727 |
| 森與兵衛拝借銀、外 | 40,900 |
| 内田惣右衛門同断、外 | 17,361 |
| 御除金掛りへ立用 | 14,071 |
| 加賀米1000石兵庫廻の分 | 7,789 |
| 七領代官方へ奉公人米俵代拝借、外 | 6,959 |
| 右同人取扱いの千福米幷大豆買上、外 | 6,663 |
| 御趣意方へ立用七領村々煙拝借残り | 5,507 |
| 内田平右衛門拝借銀、外 | 4,516 |
| 会所当座立用 | 3,000 |
| 五箇村楮代拝借、外 | 2,898 |
| 晨風丸中荷金渡し | 2,539 |
| 勝山侯へ貸付金残り元 | 2,100 |
| 三国生魚問屋拝借銀 | 1,771 |
| 楢原・四十谷村右同断 | 1,767 |
| 御趣意方へ当座立用銀、外 | 1,484 |
| 内田武右衛門拝借銀残り、外 | 1,123 |
| 森與兵衛別段拝借の口 | 571 |
| 山田又左衛門拝借 | 571 |
| 矢嶋藤五郎年賦拝借残り | 490 |
| 津田彦右衛門等組合年賦借用 | 460 |
| 金沢順婦堂年賦拝借金残り | 367 |
| 溜池様へ立用残り | 295 |
| 町役所年賦貸付残り元 | 222 |
| 府中屋磯吉年賦拝借銀 | 96 |
| 藤屋次左衛門年賦拝借 | 66 |
| 宰相様へ献金分御趣意方へ預ケ利潤分 | 64 |
| 天井次郎右衛門10年賦拝借銀 | 29 |
| 桑山十兵衛年賦拝借銀残り | 17 |
| 手形御買揚代 | 6 |
| 金津坂野助右衛門入替拝借銀 | （記載なし） |
| 三田村筑前江戸為替拝借 | （　〃　） |
| 計（計算値は204,429） | 195,217 |
| 五ケ村金札漉方につき許可の方へ仮渡し | 6,803 |
| 土蔵仮入 | 4,000 |
| 京都運送 | 4,000 |
| 銀局へ立用 | 3,000 |
| 三好助右衛門取扱楮買入につき仮渡し | 2,000 |
| 団野真之助へ楮子一条につき仮渡し | 500 |
| （小計） | 20,303 |

（注１）「慶応四辰年御内用金銀量制便覧」（松平文庫827）より作成。
（注２）銀は１両＝350匁で金に換算。

ばしば福井城下で会合し、水利や田畑開墾等を談じ合い、政事向きも協力しあっている。

④「郡宰（郡奉行）」は君主の意を奉じて凶年対策や窮民の救済に努力し、人々の生活を安定させ民心が善に向かうよう心懸けている。

⑤役人の人選に念を入れ、生産力の向上、特に旱損地や開田畑の用水確保に力を入れ、実り少ない村々には糸綛等の産業を奨励している。

①で明らかなように、全体に新政府の方針に迎合しつつ、領内・越前国の安定に努めていると、民政を自負する内容である。②では長らく幕府に対して越前国内幕府領の存在が領内支配に悪影響を与えてきたことを挙げ、一方で③では国内四藩の協力を得て地域の安定に努力していると自信を示す。そして、④・⑤にあるように、福井藩は従来から領内農業生産の向上に努めており、糸綛といった地域の特産物を奨め、殖産興業に励んでいると誇らしげである。新政府の会津征討路線に対する、公議政体論の立場からの批判も内に含んでいるとみてよいだろう。

実際、福井藩は諸改革や民政の向上に積極的に取り組んだ。五月四日には評定役村田巳三郎を町・郡会所頭取に任じて町方・村方すべての総責任者とした。かれはその後出淵伝之丞とともに産業頭取にも任じられ、殖産興業推進の先頭に立つ。同九日には会所奉行を産業元締と改称し、会所も産物（業）会所と呼ぶことに改めた。よって会所奉行内田閑平の役名も産業元締役に変わった。

在方支配では同じ五月、郡奉行・預所奉行の役名をそれぞれの担当領に合わせ「上領支配」などと変えた。併せてそれらの各役所を一か所に集め一貫した支配が行えるようにした（「茂昭家譜」）。八月二五日には、代官領を従来の七領から九領とし、また大庄屋組を割り替え組数を増やして支配が行き届くようにもしている（「公私録」）。

このように具体的な民政策を次々と打ち出していった。六月五日、城下近接の勝見村地内に不心得者収容の「小屋」を建て、かれらに藁仕事などの手仕事を身に付けさせるよう図り（同）、七月には代官を任地に回村させて「男女手励」や開田地の用水を調査させ、不足資金の貸与も伝えさせている（『福井市史6』一四六二）。八月一七日には城下神宮寺町片屋市太郎と田原町枠屋伊右衛門に「繰綿売捌方会所」を引き受けさせた（「公私録」）。

**惣会所の開設**　慶応四年（一八六八）三月、新政府が金札を発行しその貸与を公表すると、藩は六月一九日、領内にその貸付を布告した。「産業元仕込み、他国仕入れ、又ハ開田等、其外見込み筋」について、資金不足の者には月一割の利足で貸与するとの説明である（「公私録」）。

八月二六日、藩は金札を扱う役所を「惣会所（総会所とも書く）」と名付けて準備を始めた。元の産物会所業務をこの新役所が引き受け、藩の札所もここに付属させる予定である。金札を「財本」に藩札と取交ぜて通用させ、資金を安定して豊富に流通させるためである（『福井県史10』二―四、『福井市史6』一四六三）。開所後の運営は民間に委ねることとし、長く産物会所元締であった三国湊の内田惣右衛門と三国与兵衛、福井城下の山口小左衛門と山田又左衛門、それに府中松井耕雪の五人を「取調役」に任じ、諸準備に当たらせた。他に在方からも大庄屋数名を選んで協力させ、九月五日には町在から選んだ「取締」候補三九人の名も確認した（「公私録」）。

藩は明治元年（一八六八）九月一七日に正式に惣会所を取り建てると発表し、その役所はこれまで札所札元を務めてきた城下九十九橋北詰の荒木・駒屋両家を当てるとした。札所は廃止し両替業務は別途定めるという。惣代以下各役職の任命もあった（次ページ表8）。前「取調役」四人を含む五人が惣代に就き、かれらを惣代助役が補佐する。実務は調和方と調和方助役が担当する体制である。以上で役職者は五四人を数えた。いずれも領内の代表的豪商・富商たち、あるいは在方各地の大庄屋・豪農たちである。他に貸付帳面方一一人を城下から雇っており、大所帯であると共に全藩領と預所（旧幕府領）を含めた福井藩始まって以来の大きな民間組織である（『福井県史10』二―六）。

表８　明治元年９月惣会所役人

| 役名 | 居住地 | 名前(人数) |
|---|---|---|
| 惣代役 | 三国(坂井郡) | 内田惣右衛門 |
| | 三国 | 森与兵衛 |
| | 城下(足羽郡) | 山口小左衛門 |
| | 本保(丹生郡) | 河野退輔 |
| | 府中(南条郡) | 松井耕雪 |
| (小計) | | 5人 |
| 惣代助役 | 城下 | 安木七左衛門 |
| | 城下 | 野尻米三郎 |
| | 本保 | 河野次郎右衛門 |
| | 大牧(坂井郡) | 坪田慎之丞 |
| | 中脇(足羽郡) | 青木武右衛門 |
| | 粟田部(今立郡) | 木津次左衛門 |
| (小計) | | 5人 |
| 調和方 | 城下 | 5 |
| | 三国 | 2 |
| | 岩本 | 1 |
| | 粟田部 | 1 |
| | 金津（坂井郡） | 2 |
| | 松岡（吉田郡） | 1 |
| | その他在方 | 12 |
| (小計) | | 24人 |
| 調和方助役 | 城下 | 3 |
| | 三国 | 2 |
| | 粟田部 | 1 |
| | 松岡 | 1 |
| | 金津 | 1 |
| | その他在方 | 11 |
| (小計) | | 19人 |
| 貸付帳面方 | 城下 | 11人 |
| (人数計) | | 65人 |

(注)（『福井県史10』二-六）より作成。

九月二八日に開館式があり業務が始まった。物代以下各役職者たちは仕事内容を定められ、日を決めて交代で出勤し、通勤困難の者は宿所を確保し数日間ずつ滞在して務めた。年間の休日や役職ごとの給料も定められた。一〇月、藩から「貸付方心得書」（『福井市史6』一四六七）が町方・在方別々に出され、各調和方はそれに基づき出身地域の責任者として働いた。町方は商人・職人とも元手資金の不足の場合に限り、在方は開田や肥物仕入方、諸職業励方等が対象である。かつて横井小楠が説いた民富に基づく殖産興業策がここに本格的に動き出したのである。

こうして資金貸付が始まった。三国町では、一〇月に銀五五三二貫匁と質貸分六〇七七貫匁、一一月銀一九七〇貫匁と質貸分金札二五〇両に銀六四四二貫匁、一二月金札六五〇〇両と銀一一四三貫匁及び質貸分金札二三〇〇両と銀三五〇貫匁といった具合である（内田璞家文書①1）。別の資料では同じ三か月分の預所（旧幕府領）への貸付が総計金一万一二六〇両と銀二万一八八五貫八〇〇匁とある（『福井県史10』二一六）。藩領全体の金銀額やそれらの処理の仕方が不明なので評価はできないが、ともかく莫大な資金が町・在に貸与されたことは間違いない。産物生産や市場流通は大いに活気づいたと思われる。

惣会所の運営は総代以下の町人・百姓たちが担当したが、かれらを監督し金銀を管理する役人も藩から任命があった。国財元締役・楮幣製作方元締兼勤の松原孫七郎以下六人のほか、下役を含めて二〇人ほどが関わり、以前の産物会所と似た体制である。なお、同じ領内ながら府中には別に惣会所が設けられた。

**貸付体制の改善**　当初は「趣意」が領内隅々までは周知されず、貸付は予想外に増えなかったらしい。村方の貸付申請は各村から大庄屋を通して行う仕組みだが、評定局はかれらが旧習に泥み、「下方」のために働いていないと判断した。そこで一一月一四日、大庄屋組の割替えに踏み切り、一組の村数を従来の三、四〇か村から半分ほどに減らし、入札により選ぶよう通達した。惣会所組織も改めた。一二月四日、役筋を大きく市・町と郡方の二局とし、また「市・町」は城下と三国、在方は上・中・下の三領と旧幕府領の合計六局に分けた。そして、後者の六局にはそれぞれ締役と調和方のみを配置した。地域ごとの責任者や担当者を明確にし、貸付審査を厳正に、かつ貸付金回収を確実に行うためである（「公私録」）。

また同一一日、「職業免札」の発行を布達した（同）。全領民の職業を調査し、新免札（鑑札）を発行してそれぞれに応じた貸与を行うとの趣旨である。ただし、免札料や年々の運上金徴収もあるので、発行は租税方が行うという。年貢確保とタイアップした職業確認である。なお、対象は町方の商工業者に主眼を置き、農家の免札は不要とした。村方は高持百姓や小作人などの名前、及び耕作地所を確認するよう代官に命じただけである。

**小前の引立と引立会所**　藩の貸付制度は翌明治二年（一八六九）に入りいっそう明瞭になる。同年二月、町・在「小前」への「貸付規則」が出されたことである（『福井市史6』一四七〇、内田璞家文書①2）。その村方分への追加説明によると、「小前」とは「水呑・雑家（共に無高百姓）」を指し、「御仁恤之思召」によりかれらにもすべて貸与を認めるとある。この「小前貸付規則」では、拝借対象を従来は一軒前の町人・百姓とは認められなかった底辺の人々にまで広げている。民富策がようやく底辺民衆にまで届き始めたのである。

更に二月、藩は惣会所活動を一層進めるため、新たに町・在に引立会所を設立することにした。福井城下や三国町などに拠点となる引立会所を設け、村々もこれに組み入れる予定である。三国町は五月の引立会所規則の発表とともにこれに加わった。間もなく湊引立会所が設けられ、問丸など三人が湊惣締役に任じられる。更に各町ごとに町締役二人ずつ入札で計七五人、別に仲買人六〇人の中からも八人が選ばれた（内田璞家文書①2）。

また、新政府の殖産策にならい商法会所を設けることにした。城下の豪商で前藩札札元の駒屋善右衛門と山田又左衛門、及び三国湊の森与兵衛を元締とし、こちらは三月二六日に開所する。これは同業者が数十軒と集まって会社規則に基づく組織をつくり、仕入れの品物や形態、員数を区分けし、多額の資金拝借を共同申請させ、スムースに貸与することが目的であった（同）。もちろん村方からも参加できた。審査を容易にして豪商・豪農たちへ多額の資金貸与を行い、国産物の生産を高め、領外販売、外国交易の進展につなげる予定である。

藩は町・在底辺層への生業成立に向けた貸付にも力を入れた。そのことは村方同様二年二月九日に出た「町方小前」向けの貸付規則で確認できる。内容はおよそ次のとおりであった（同）。

①町役人は小商人や諸稼人の実状を調査し、拝領願が出たらよく趣旨を申し聞かせ、身分に応じ世話をする。

②願書は町内ごとに人数と銀高を一紙にまとめ、町役輪番が連印する。

③利息は、銀一貫匁以下は月五朱、一貫匁以上三貫匁まで八朱とする。

④上納期限は六か月とする。

⑤小前には金札は貸し付けない。

⑥拝借金の町人どうしの「割貸・割納」は町役人の指示に従う。

一番の特長は下層の商人・職人といった底辺の町人たちにまで対象を広げたことである。ただし金額は③のように三貫目以下に制限し、期間も半年以内とした。なお、⑤にあるように「小前」への金札貸与は政府への未返納を恐れ認めなかった。

とはいえ、これで順調に進んだわけではなかった。藩は三月一日、金札不信にからむ「姦商」の横行等を理由に、貸与を当分停止にしてしまう。四郡大庄屋や惣会所惣代などが「肥仕入ヲ始め諸職業手励ミ元草仕入銀等」に差し支えると藩民政局へ再開を要望したが、藩は容易に認めなかった（『福井県史10』二一―九）。

**三岡八郎の帰福**　同じ三月一日、政府参与の三岡八郎が福井に帰ってきた。病気療養が理由だが、実のところ政府内にかれが進めた金札に対し、経済が混乱しているとの批判が強まったからであった。

もっとも、三岡は岩倉具視や西郷隆盛等、それに老侯春嶽の信頼を得てきており、身分はなお「徴士参与」のままである。その自信もあってか、少し落ち着いた四月頃、かれは「政体職制」と題する建議書を書き、政府最高職の輔相三条実美に送った（由利正通一九四〇）。藩の職制を「国政―判政―参政―四課（司農・司市・司計・総兵）」にまとめ、それぞれについて説明したもので、政府の藩治職制・版籍奉還策にからみ各藩の職制モデルを示すことにあったようだ。加えて「市在総会所並ニ組合会所編伍ノ法制」と題する「物産融通」をはかる会所の例をあげ、その組織や運営についても解説した。その特長は「衆知ヲ集メ公議ヲ取ル」ことを基本とし、また総会所「総代」は「市在ノ中ヨリ挙ル」、運営には上部の「評議」、更に一般の「郷議」を経ることなど、いわゆる公議政体論に即し、かつ「民衆層のレベル」まで含んでいるところにある〔三上一夫一九九六〕。後に三岡は、「これを理解できるのは木戸孝允くらいだろう」と語ったという。ただし吟味して読むと、全体に福井藩が二月に定めた新職制と似通い、後の会所の件も藩の惣会所と内容的に共通する。したがってこの建議書は福井藩重役たちとも意見を交わした上での作成と思われる。換言すれば福井藩が進める公議政体を三岡が誇ってみせたともいえよう。

ともあれ帰国した三岡がたちまち存在感を発揮したのは確かのようだ。六月に入り福井藩内では思い切った施策が出てくる。一日、参政職で司計局幹事の千本弥三郎及び同民政局幹事の出淵伝之丞と松平源太郎は、惣会所に同所役職者をはじめ町方組頭や村方大庄屋、三国・金津役人等関係者を集め、今後はこの三人が貸付を直接取り調べると伝えた。貸付業務の厳正と合わせその進展を叱咤するためと思われる（内田璞家文書①2）。

同じ日、銭札の製造にも踏み切った。こちらは領内の資金流通を促進するためで、前年政府が金札発行の際、銀目を廃止としたため、藩独自の銭札を発行し旧来の藩札と引き替えることにしたのである（「茂昭家譜」）。六日には領内物価の二割引き下げを伝え実行させた（内田璞家文書①2）。一一日には九頭竜川を初めとする三大河川の川筋調査を命じ、水流や川幅敷地の確認など治水に当たらせている（「公私録」）。三岡の帰国と共に藩政に新たな気運が起こってきたのである。

**藩政の転換**　明治二年（一八六九）六月の版籍奉還後、政府は官制改革を行ってそれを地方にも広げさせた。大名は華族、武士は士族に身分が変わるなどすべてにわたる改革が進められた。八月、福井藩では藩知事茂昭が長官とされ、以下、執政松平方（備後を改名）は大参事、副執政小笠原幹（丹後を改名）は権大参事などと改められる。惣会所活動にも熱が入り、一〇月には先の引立会所が再編成された。次のように領内六か所に「融通引立会所」が設けられ、それぞれの近郷要地に枝会所が置かれることになった（数字は枝会所数、『福井県史10』二―一五）。

福井（足羽郡、四）　三国（坂井郡、六）　粟田部（今立郡、五）
松岡（吉田郡、六）　大森（丹生郡、五）　脇本（南条郡、四）

目的は資金貸付を各地隅々まで行き届かせるためである。同時に拝借金のおよそ倍額以上の質物を設定させたりして、確実に返納させるようにも仕向けた（『同』二―一七）。

民政全般にも力が入った。同月小笠原は大参事に昇進し、一一月二〇日には民政局総括となった。同日、三岡も大参事同様の扱いとなり、「輔弼同様の心得」をもって日々「政事向総て」に関わるよう指示を受けた。もっとも「輔弼同様」は四日後に取り消される。だが、掌政局を中心とする藩重役は多くがかつての横井小楠信奉者である。春嶽が心配した福井藩の三岡体制が二年末に出来上がったと言えるかもしれない。

それに版籍奉還に伴い新たに確立されていった諸政策は、一方で大きな問題を含むものでもあった。ここではそのことを三年二月に出た「達し」から要点を抜き出した次の①～④によって確認しておこう。いずれも当時出された町方・村方の役職名の変更とそれに伴う心得、町・村の運営、及び年貢納入法などの布達から一部を拾い出したものである（『同』一―二七・二八）。

①旧来の町方・在方の庄屋を廃止し、新規に役職を設けて任命する。
②各町・村の役人は上からの指示を守り、人々に職業を励ませ、また願書や印形などを正しく扱い、戸籍の確認に注意するよう努める。
③これまで町法・村法などと勝手に定めていた掟などはよくないので廃止する。
④年貢納入のうち諸作物は、初夏の菜種は規定の三分の一などと産物の収穫や販売時期に従い分割納入する。山

中村々や浦浜であっても同様で、いずれの場合も一一月までに完納とする。

①のうち町方は、従来の町年寄や組頭・町庄屋を改めて坊長・肆長を置き、町内商人二〇軒ごとに十人頭一人を立てた。村方は大庄屋制度を改めた。地域を大きく一一に分けてそれぞれに郷長を置き、各郷には会所を設けて藩の民政寮庶務方役を詰めさせる体制である。そして、各郷長の下に数村から二〇村前後を一組として担当する里長を数人から十数人任命し、各村には村長を置くという。在方への目が大庄屋のときよりも行き届くようにし、藩の支配を徹底させるためである。ただし、それまでの地域的なまとまりが随分と変わることになる〔吉田叡 一九八二〕。

③も重要である。江戸期の町や村は支配の末端組織であるとともに、そこに住む住民の生活と生産の場であった。共に庄屋役以下の役人を設けて自治的に運営され、藩もそれを認めて支配を行ってきた。ここでその自治的側面を一方的に否定したわけである。④は江戸期の年貢制度を継続し、より確実に収納できるよう促すもので、これは支配の徹底と関わる。

①〜④からみえるのは、藩支配の立場から民政の不都合な部分を旧制度として否定し、財政の基本となる年貢収納を確保すること、そのために庶民たちが培ってきた生活や習慣は無視するという強権的な姿勢である。維新変革の中で福井藩は新政府に批判的な一定の立場を保ち、独自の藩政確立を目指してきたが、それはしだいに困難となり、政府に同調する強圧的な支配に転換し始めたことになる。

**福井藩の終焉**　藩政の転換は次の領民宛通達などからも窺える。すなわち、明治三年（一八七〇）二月、藩は「村々乞食締方規定」（『福井市史6』一四八三）を布達し、貧民が勝手に他村他領へ物乞いに出ることを禁じるとともに、里長を通して取締の強化を命じた。八月には、昨年のような貧民の「非常の御手当」は、今年は「諸作相応」だとして「救米」は認めないことを村々へ告げる（『中村三之丞』史料50）。しかも九月には前年の救助等による財政困難を挙げ、領内へ一〇万円（両）の調達金を一一月までに都合させるよう通達した（『福井市史6』一四八五）。

ところで、同じ八月、筆頭家老の本多氏がほぼ一元的に支配を許されていた武生町（府中を改称、現越前市）で大規模な騒動（武生騒動）が起こった。版籍奉還に伴う本多氏の身分上の措置をめぐり、同家の家臣や知行地の民衆が騒ぎ出したのである。七日、大勢が福井藩民政寮武生出張所門前に押し寄せ、ついには同所のほか同町きっての豪商で福井藩惣会所惣代の松井耕雪宅など一三か所を打毀した。対して福井藩は厳罰で臨み、関係者や騒動参加者多数を逮捕し、三人の死罪を含む過酷な処分に踏み切る〔福井県史 一九九四〕。この騒動は打毀し対象からも明らかなように、武生民衆が福井藩支配や殖産政策に関して多大の不満をもっていたことを如実に示したものだったのである。

同じ頃、松平春嶽は政府権力から離れることになる。かれは慶応四年（一八六八）六月二七日に権中納言従二位に叙せられ、翌明治二年七月八日には民部官知事から民部卿に勅任された。以後政府民政の最高責任者となり、八月には大蔵卿も兼務し、かつ大学別当兼侍読となり、表面上は頂点に近い位置にあった。しかし、次第に政府権力の中枢から離れ、三年七月一三日には役職をすべて免じられる。決定的だったのは翌四年七月一四日の廃藩置県の断行である。これにより藩知事茂昭も家臣を置いて東京へ去ってしまう。また由利（三年八月八日、三岡を改姓）は同年一一月二三日に東京府知事に任命され福井を離れた。ここに福井藩は消滅し、福井の人々は維新に果たした藩の歴史を背に、新たに福井県の時代を歩み始めるのである。

# おわりに

最後に本稿執筆にあたり特に留意したことや今後の課題について述べておきたい。一つは強力に藩政改革を進め、春嶽（慶永）の中央政局の活動を支えた家臣団のことである。研究者はかれらを改革派と呼び、一部出入りがあるものの、いずれも安政・文久期の藩政改革をリードし、維新変革にも貢献したと評価している。しかしながら、本書ではかれらを重視しながらも、改革派と呼ぶ藩内の勢力としては捉えなかった。確かに藩内には橋本左内など注目すべき家臣が多く輩出したが、かれらは改革派と呼べるような勢力結集にまでは至っていなかったと思われるからである。左内以外はいずれも限られた上・中士層から選ばれて春嶽に寄り添い、その限りで認められ活躍したのであり、自由に独自の改革思想・信条をもつ勢力を形成したわけではない。だからこそ福井藩内では他藩のような家臣団の激しい対立・抗争は起こらず、犠牲者が出ることもなかった。横井小楠に心酔して文久三年（一八六三）に挙藩上京を固執した三岡八郎たちは処分されるが、かれらも小楠信奉者ではあっても小楠派と呼べる勢力とはいえない。小楠自身もそれは認めなかったと思われる。そこに幕末福井藩の特色があり、限界もあったとみるべきであろう。

今一つは三岡八郎についてである。従来、かれは小楠の指導を得て殖産興業策を進め、藩財政を豊かにして富国強兵を実現した立役者とされてきた。しかし本書ではその通説を横に置き、少なくとも文久期までの殖産興業策推進の責任者は長谷部甚平であり、三岡はかれの下で制産方頭取として役割を果たしたのだとした。明治初期には確かに三岡が藩政のトップに立つが、その場合も幕末以来の民政の展開と併せ理解すべきとの立場である。

課題で挙げれば、越前各藩との連合構想の問題がある。本書では一見出しで扱ったに過ぎないが、幕末の福井藩と他の越前各藩とは様々な緊張関係の中で連絡を取り合い、維新を迎えた経緯がある。その点から言えば、各藩の状況を詳細に確認する必要があるがここではその余裕がなかった。今後各藩、諸地域の実状を踏まえ、改めて論じる必要があるだろう。

また、豪商・豪農の役割を重視しつつも、かれらが産物会所元締及び惣会所惣代等に組織されたことを紹介するに止まってしまった。だが、かれらの役割や活動はもちろんそれだけに限ったものではない。序章で挙げた駒屋家、第四章末で触れた松井耕雪、それにほとんど触れなかった豪農のことなどを含め、それぞれの立場から改めて藩の殖産興業策あるいは地域との関わりを考える必要がある。

本書では文化面は学問・教育関係を除き触れなかったが、福井藩のもつその豊かさも注目される。幸い橘曙覧については論考を得たが、それ以外の松平春嶽に象徴される伝統文化と西欧文化双方への理解と関心の高さ、あるいはあまり表舞台には出ない豪農・豪商たちの文化活動とその広がりなどである。なお、多くはないが一般庶民の強い教育要求も確認できた。これらが重なって幕末福井藩が展開されたことを今後とも大切にしたいと思う。その他、農政や一般庶民衆の動向についても断片的にしか触れることができず、人々の生活等にも眼を向けられなかった。

本書はあくまで幕末福井藩研究の概括を試みたものであり、今後の本格的な研究の進展を心から願っている。本書を手にされた読者にはすでにお気づきのことと思うが、幕末の福井藩に関する研究は、特に福井藩の体制や構造などの基礎的分野であまり蓄積がない。そしてこのことは基本史（資）料の調査と整理及び公開の問題とも関わっている。幸い藩庁・武家関係の資料は上質のものが戦前より今日まで多数翻刻・出版されているが、貴重ながらなお未調査・未公開あるいは利用困難なものも少なくない。戦後の福井県史や各市町村史（誌）などの優れた蓄積もあるが、これらの利用も限られている。公開の方法を含め関係者のご努力を念願するものである。

# 橘曙覧と幕末の福井

内田　好美

**幕末福井と国学**　近世社会において学問の主流は儒学であったが、江戸時代の中頃から『古事記』や『日本書紀』など日本の古典を文献学的に研究することによって、わが国固有の精神を明らかにしようとする学問である「国学」が興隆した。

福井藩においても、儒学が学問・教育の中心であったが、幕末期に著名な国学者が来遊して人々に講義を行うことによって、藩内で国学が盛んに学ばれるようになった。天保七年（一八三六）一〇月には、本居春庭門下の国学者八木静修（橘　尚平）が訪れて、古今・万葉調の古体の歌こそ真の歌であると説いた（『福井市史9』三）。松平慶永（一八二八～九〇）の「真雪草紙」によれば、藩士の中根雪江・平本良載・渥美新右衛門等が感化を受け、藩内で古体歌を詠むことが始まったとしている（『春嶽全集一』）。

中根雪江（一八〇七～七七）は、やがて江戸詰の折、天保九年に平田篤胤（一七七六～一八四三）の門人となり、学塾気吹舎に通って篤胤の講義を受け、師の著書を書写するなどして学問を深めた。天保一二年に国元に戻り、一二年後に篤胤は没するが、没後も気吹舎との交流は続き、生涯にわたって国学研鑽につとめた（『篤胤全集別』「門人姓名録」・『福井市史9』七）。

雪江は、藩内で国学を奨励し、雪江が補佐した藩主の松平慶永も深く傾倒することになり、藩士の間に広がりをみせた。また、雪江の奨めによって市井の歌人として知られた橘曙覧等も学び、庶民の間にも国学が広まった。曙覧については、その存在が藩内外に知られ、国学者として活躍するとともに和歌の伝統にとらわれない歌風を樹立し、明治の和歌革新運動の先駆けをなしたと評されている。本稿では、曙覧と幕末の福井藩、とりわけ松平家との関係を中心に紹介したい。

**橘曙覧の生涯**　曙覧は文化九年（一八一二）に越前福井城下の石場町（福井市つくも一丁目）に生まれた。幼名は五三郎、はじめは尚事と称し、のちに曙覧と改めた。父は、正玄（正源）五郎右衛門であり、紙筆墨商を営むとともに家伝薬巨朱子円を製造販売していた。正玄家は、橘諸兄を先祖とする橘宗賢家の分家として由緒ある家柄であったことから、のちに曙覧は「橘」を名乗っている（『曙覧全集』「橘曙覧小伝」〔橋本・水島一九九九〕）。

二歳の時、母都留子（鶴子）が亡くなり、幼少期から青年期にかけて母の実家である府中（越前市）酢醸造元山本平三郎家に預けられた。山本家との関係は生涯に渡って続き、府中の文化人たちとの交流もみられる。一五歳時には父も没し、両親ともに失ったことは大きな転機となり、その後仏道に帰依しようとして日蓮宗の妙泰寺（南越前町）住職明導より仏経を学んでいる。明導は漢籍に通じ、詩歌に堪能な人物であったことから、寺院で習得したことが後に文学に傾倒する端緒になったという。一八歳の時には京都に上り、頼山陽門下の児玉旗山（一八〇一～三五）に入門して儒学を学んでいる。親戚は家業が衰退することを憂えて制したため、数か月で福井に戻ることになったが、若い頃より積極的に学識を深めていたことがうかがえる。

帰福後、天保三年（一八三二）に三国湊の酒井清兵衛の次女奈於（直子）と結婚。翌年、家業を助けていた伯父志田垣五次郎が没し、曙覧は正式に家業を継ぐこととなった。しかし、家業に適しないことを知り、家業財産を弟の宣に譲り家を去ることになる。家産を譲った時期は、諸説あるが（二五歳、二八歳、三五歳）、足羽山に退去して、以後は学問や和歌の道に打ち込むことになった。

先述した八木静修来遊時、曙覧は二五歳であり、この頃より国学へ傾倒していったと考えられる。天保一五年、三三歳時には、飛騨高山（岐阜県高山市）の国学者田中大秀（一七七七～一八四七）に入門した。大秀は本居宣長（一七三〇～一八〇一）の門人であり、万葉集研究をはじめ古典研究において優れた業績を残している。越前からは文政一〇年（一八二七）に府中の渡辺源省が最も早く入門し、その後、大野から藩士岡田輔幹、商人布川正沖等が門弟となり、福井からは藩士久世美則、河崎致高、本覚寺の住職本眼や商人山口彦三郎、町医三崎玉雲、笠原良策等が大秀に入門した（『田中大秀』「荏野門人録」）。

曙覧は、自ら高山に赴いて大秀に入門し、講義を受け歌会に出席している。当時、曙覧が歌会にて詠んだ和歌が『橘曙覧遺稿　志廼夫濃舎歌集』（『曙覧全歌集』）に収録されているが、古歌を踏まえた和歌であり、入門時すでにかなりの知識を蓄えていたことがうかがえる。当時、歌と学問の関係は「歌は即学問であり、尠くとも学立つて歌はじめて正しとしたのだ」と折口信夫が述べる通り、国学者たちは和歌を理解するために自らも詠んだ。また、学問の研究が成り立ってこそ伝統的な和歌を詠むことができるとされていた。故に大秀に入門したことは、「国学者としての世間資格を具へることになつたと共に、彼の歌も、伝統正しいもの、と自信してよい訣になつた」と理解され、以後、宣長の系統に連なることを自覚し、周囲もそれを認め、国学者として歌人として活動を深めていくことになる（折口信夫一九九六）。

曙覧が国学者として世に広く知られるようになったのは、入門時に大秀から依頼された「継体天皇大世系石碑」の建立である。福井に戻った後、仲間とともに奔走し、藩主にも建立を認められ、弘化四年（一八四七）に実現させている（福井市・足羽神社境内に現存、『曙覧全集』「藁屋文集」）。

その後、三七歳には足羽山から福井城下の三橋（福井市照手二丁目）へと転居して「藁屋」と称し、没する五七歳まで約二〇年間を過ごした。曙覧の三〇～四〇代の資料は数少ないが、藩内の文芸活動を記録した「文藻雅集」（松平文庫一五六八）によれば、「わらや社中」を主宰し、一〇〇名を超える人々とともに活動を行っていた。その活動は藩主にも知られることになり、福井藩松平家、特に松平慶永との交流が残されている。

**松平慶永と曙覧**　松平慶永は、身分を越えて曙覧の良き理解者であった。歌や学問を高く評価するとともに、その人柄をも慕い交流した。

曙覧は、天保一四年（一八四三）の慶永初入国に際し、その喜びを詠っているが（『曙覧全集』「藁屋詠草」）、関係を持つようになったのは、安政五年（一八五八）に将軍継嗣問題により江戸霊岸島邸に隠居謹慎となった時である。慶永から中根雪江を通じ、『万葉集』の秀歌選出を命じられ、曙覧は三六首を浄書して贈り、慶永は部屋の四壁にこれを貼り日々の慰めとしたという（『同』「橘曙覧小伝」）。

二人の関係が深まったのは、元治二年（一八六五）のことである。正月八日、曙覧に慶永自詠の和歌と煙草が贈られ、同年の二月二六日、慶永は雪江、半井保（仲庵、福井藩医）らを伴い、野遊びの途中に曙覧の居宅「藁屋」を訪問した。慶永は訪問時、曙覧に扇子を授け、屋号を「忍ぶの屋」と命名した（『曙覧全歌集』「橘曙覧の家にいたる詞」）。訪問後には、河崎致高（福井藩士、曙覧門人）を使者として城中で古典または物語文などを講義するよう求めたが、曙覧は辞退し、慶永はその申し出に対して理解を示して出仕を強いることなく、以前にも増して交流を深めている（『曙覧全歌集』「志濃夫廼舎歌集 第四集」）。

慶永は曙覧の活動に関心を抱き、慶応三年（一八六七）の正月には、使者を通して曙覧宅での歌会始の様子を質問し（同）、またある時には曙覧がよんだ「独楽吟」に慶永が興味を示し、自らも「たのしみは…」で始まる歌を詠んでいる（『たのしめる』）。

慶永の和歌を曙覧が添削することもあった。慶永が慶応三年、京都に滞在した折、その日常を夫人勇姫に伝えるために記した「京都日記」（第五号六月五日。福井市春嶽公記念文庫）には、宇治に遊んで詠じた和歌を「尚又曙覧へ御なをさせ可被下候」と伝える記述があり、勇姫を通して曙覧に歌の添削を依頼している。慶永から松平茂昭（第一七代福井藩主）に曙覧からの歌題を知らせる書簡も残り（『書簡集』八四）、松平家全体に曙覧の名が知られていたことがわかる。このように身分制度のある時代において異例ともいえる越前松平家との関係は、曙覧の業績を物語るとともに、幕末期の福井では、文化面においても身分に捉われずに人物を評価し、交流を持っていたことがわかり興味深いものがある。

同年六月には、慶永の取り計らいもあり、福井藩から毎年米一〇俵を賜ることになったほか、翌年の八月二八日に曙覧が病没した際には、生前好んだ大安寺（大安禅寺、越前松平家の永代菩提所、福井市田ノ谷町）に葬られた。

**福井藩関係者たちとの交流**　福井城下を中心に活動していた曙覧は、福井藩士たちとも交流していた。中根雪江とは、学友として生涯に渡りつきあいがあり、雪江を通じて知り合った人物も多いと考えられる。

門人として名を列ねる人物には、家老の岡部豊後や藩医の勝沢一順がいた。一順は慶永の信任厚く、使者として曙覧の家を訪れていた。ほかに曙覧没後に学問を受け継いだ河津直入（祐淳）、祐筆役をつとめた佐藤誠などが挙げられ、「曙覧門人系図」には四九人の福井藩士の名が見える（山田秋甫 一九二六）。曙覧の政治活動への関与は残されていないが、幕末動乱の時期において、福井藩の方向性を決める上で藩士たちに何らかの影響を与えたのではないだろうか。

また、福井藩奥女中たちとの交流もあった。奥老女を務めた芳野菅子（八十瀬）宛書簡（小出家資料）には歌の添削に関する事柄のほか、奥女中たちから贈答品があったことや居宅を訪問していたことが記されている。

ほかに福井城下の豪商のほか町人たちや地域の知識層、寺社関係者、福井以外の歌人・国学者たちとの様々な交流があった。未解明な部分が多いが、曙覧の築いたネットワークを探ることで幕末期の文化面の一端をうかがい知ることができる。今後ほかの文芸活動を含めて研究を続けることで、曙覧を生み出した幕末福井の豊かな社会を解明することにつながるのではないだろうか。

# 福井藩校改革と他国修行

熊澤　恵里子

安政二年（一八五五）六月に開学した福井藩校明道館は、藩主松平慶永の意向に沿って「政教一致・文武不岐」を基本とした実学重視の教育方針を掲げ、橋本左内を学校幹事に迎え学制改革に着手した。安政四年四月には洋書習学所、算科、物産科、大砲科、惣武芸稽古所などが次々と増設され、幕府の海防要請に対応できる文武に長けた人材育成が急ピッチで進められた。教育内容の刷新に必要な最新の情報と最高の師は、藩費を投じて藩の内外に求めた。また同時に、藩命により藩士子弟を他の藩校や著名な私塾へ遊学させ、先進的な人材育成と情報収集に努めた。のちに、藩外への遊学は他国修行として橋本左内により制度化された。他国修行と最高の師による最新の学問・技芸の情報は、すぐさま明道館へフィードバックされた。幕末維新期の福井藩校改革は、最高の師の招聘と藩士子弟の他国修行という両輪により推進されたのである。

最高の師には明道館で「学政一致」「文武一途」の実現を説いた横井小楠、明新館（明治二年五月に明道館から改称）に日本で最初の本格的な化学実験室を作った米人化学教師ウィリアム・エリオット・グリフィスらが広く知られている。加えて、福井の医学教育の発展に貢献した江戸の蘭医で慶永侍医の坪井信良、数学・西洋兵学の専門家である旧幕臣らの存在（「徳川家御預人」）も忘れてはならない。両輪のもう一方である他国修行は、明治二年（一八六九）一一月の学制改革により学問による立身出世が明確化したことで一層促進され、廃藩置県までに藩士子弟全体の約二〇パーセントが他国修行を経験している（松平文庫九二一「士族」、九二二「子弟輩」、九二三「新番格以下増補雑輩」）。そこで本稿では、わずか一〇年余りで飛躍的な発展を遂げた福井藩校改革について、その原動力となった他国修行を中心にみていきたい。

**他国修行の制度化**　福井藩の組織的な他国修行は、弘化四年（一八四七）七月の西洋砲術修行に始まる。これは慶永側用人中根雪江の進言によると言われ、福井藩武術師範役西尾源太左衛門親子ら一〇数名が高島秋帆弟子の下曽根金三郎へ入門した。他国修行が制度化されたのは、洋書習学所設立後である。安政四年（一八五七）五月、学監心得橋本左内が著した計画案では、他国修行には依命と許可の二種類あり、前者は定額三人扶持、後者は定額一人半扶持が与えられた。依命は藩命によるもので、半年あるいは一年程修行を見届けた上で手当金が支給された。一五歳以上の者へは定額二人扶持が与えられた。また、修行中のやむをえない費用、つまり書籍購入や器械製作などの経費は願い出により評議を経て無利息拝借または藩買上げも可とされた。修行成果については、帰藩後に厳格な審査が課せられた。この他、家格は高くても「当人十分之器には無之」者、つまり身分は高いが実力が十分でない者に対しては藩からの手当金は支給せず、私費修行を勧めた。計画案では藩政の近代化を急務とし、家格の高低にかかわらず能力主義による人材育成が掲げられた。実際、卒族の坂野秀三郎は沼津兵学校で進級後に「小給之者格別勉励之趣ニ付」として手当金二五両、再修行で進級の際には金三〇〇疋を下賜されている。

**幕末維新期の他国修行**　松平文庫に収められている藩士の履歴を分析すると、「士族」約一五パーセント、「子弟輩」約二〇パーセント、「新番格以下増補雑輩」約一三パーセントの他国修行が確認できる。「士族」では大番組一〇〇石から一五〇石取りの中級士が中心であった。「士族」の修行科目は馬術・学問から、砲術・航海術・測量術・医

表１　「士族」にみる遊学

| 年代＼修学名目 | 武術 | 剣術 | 弓術 | 砲術 | 航海術 | 測量術 | 馬術 | 学問 | 兵学 | 喇叭 | 洋学 | 英学 | 医術 | 不明 | 合計 |
|---|---|---|---|---|---|---|---|---|---|---|---|---|---|---|---|
| 嘉永元(1848) | | | | | | | 1 | | | | | | | | 1 |
| 2(1849) | | | | | | | | 1 | | | | | | | 1 |
| 3(1850) | | | | | | | | | | | | | | | |
| 4(1851) | | | | | | | | | | | | | | | |
| 5(1852) | | | | 1 | | | | | | | | | | | 1 |
| 6(1853) | 1 | 2 | | 17 | | | | | | | | | | | 20 |
| 安政元(1854) | | | | | | | | | | | | | | | |
| 2(1855) | | | | | | | | | | | | | | | |
| 3(1856) | | | | | | | | | | | | | | | |
| 4(1857) | 1 | 6 | | | | | 1 | | | | | | 1 | 2 | 11 |
| 5(1858) | 7 | | | | | | | | | | 2 | | | | 9 |
| 6(1859) | | | | | | | | | | | | | | | |
| 万延元(1860) | | 1 | | | 1 | | | 2 | | | | | | | 4 |
| 文久元(1861) | | | | 5 | | | 2 | 2 | | | | | 1 | 6 | 16 |
| 2(1862) | | | 1 | | 3 | | | 2 | | | | 1 | 6 | 2 | 15 |
| 3(1863) | | | | | 1 | | | 1 | | | | 1 | | | 3 |
| 元治元(1864) | | | | | 1 | 1 | | | | | | 2 | 2 | | 6 |
| 慶応元(1865) | | | | | | | | | | | | | | 1 | 1 |
| 2(1866) | | | | | | | | | | | | | 1 | | 1 |
| 3(1867) | | | | | | | | | | 1 | | | | | 1 |
| 明治元(1868) | | | | | | | 1 | | | | | | | | 1 |
| 2(1869) | | | | | | | | | 4 | 1 | 1 | | 2 | | 8 |
| 3(1870) | | | | | | | | | 3 | 1 | 5 | | | | 9 |
| 4(1871) | | | | | | | | | 1 | | 3 | | | 1 | 5 |
| 合計 | 9 | 9 | 1 | 23 | 6 | 1 | 5 | 8 | 8 | 3 | 11 | 4 | 13 | 12 | 113 |

＊「士族」（松平文庫921）から遊学の記載のある者を抽出。各履歴の中で最初に記載のあった修学年月・修学名目により分類した。６分冊目を除いて１～７分冊が現存し、756家789名の士分の履歴が確認できる。

表2　「子弟輩」にみる遊学

| 修学名目／年代 | 航海術 | 学問 | 医術 | 洋学 | 英学 | 兵学 | 喇叭 | 砲術 | 剣術 | 馬術 | 不明 | 合計 |
|---|---|---|---|---|---|---|---|---|---|---|---|---|
| 万延元(1860) | | 1 | | | | | | | | | | 1 |
| 文久元(1861) | | | | | | | | | 1 | 1 | | 2 |
| 2(1862) | 1 | | | | 1 | | | | | | | 2 |
| 3(1863) | | | | | | | | 1 | | | | 1 |
| 元治元(1864) | 1 | | | | | | | | | | | 1 |
| 慶応元(1865) | 2 | | 4 | | | | | | | | | 6 |
| 2(1866) | | | 1 | | | | | | | | | 1 |
| 3(1867) | | | 1 | | 1 | | | | | | | 2 |
| 明治元(1868) | | | | | | | | | | | | |
| 2(1869) | | | 3 | | | 9 | | | | | 1 | 13 |
| 3(1870) | | 1 | 1 | 2 | | 2 | 1 | | | | | 7 |
| 4(1871) | | | | 2 | | 5 | | | | | | 7 |
| 年代不明 | | | | 1 | | | | | | | | 1 |
| 合計 | 4 | 2 | 10 | 5 | 2 | 16 | 1 | 1 | 1 | 1 | 1 | 44 |

＊「子弟輩」(松平文庫922)から遊学の記載のある者を抽出。244名の士分子弟輩の履歴が確認できる。嘉永元～安政6年は遊学の記述のある者はいない。

術・英学・洋学・西洋兵学など多岐にわたる（表1）。直接的・間接的に軍事科学技術を支える自然科学系の科目が中心であった。貪欲な勉学熱は海外まで及び、幕末に日下部太郎、柳本直太郎らが渡米した。二三歳で渡米した日下部は後にラトガース大学で理学を学んだ。また、理数系以外にも時代を牽引する思想や知識が藩士子弟の関心を集めた。学問修行では、三奪法と月旦評による実力主義を徹底した広瀬淡窓、古道学の平田篤胤、政事学の西周らの私塾へ入門する者もいた（表2）。

**「普通ノ学」の義務化**　明治二年（一八六九）一二月、明新館学校規条により一七歳以上二〇歳以下を対象とした中学校では原則的に「普通ノ学」が義務化された。それに伴い、他国修行でも二〇歳以下の者は「普通ノ学」の修得が義務づけられた。「普通ノ学」とは、中学校で学ぶ「文学・数学・武学・歩兵・砲兵・剣・柔」の文武七科の総称である。一般的に明治初年の「普通学」とは、小学の句読・習字・算術・地理学・五科大意を指すが、福井藩では、修行生を派遣した静岡藩沼津兵学校の国漢洋三学鼎立の科目に

「武学」を加えた専門基礎教育を「普通ノ学」と称した。これが福井藩士子弟の教養である。福井藩学校規条では外塾を底辺とし、小学校を経て中学校、医学校へ分岐したピラミッド型学校体系が組織され、学問・技芸を統合した学制が完成したのである。外塾は社寺農商の子弟へも入学を許したが、規則上外塾から明新館に至るまで四民に門戸が開放されたのは明治四年二月の学校規条である。「普通ノ学」の修了者には藩費により専門学修行、さらには帰藩後専門職としての藩政参加の道が開かれた。福井藩における「普通ノ学」は、同藩が一貫して追求してきた文武の人材に必要な国漢洋合併の教養教育であり、後日理数系を筆頭に多様な分野の専門家を輩出する基盤となった。

**高まる教育熱と金館役所の設置**　「普通ノ学」を修めれば藩政への道が開けるとあり、親の教育熱にも一層拍車がかかった。藩からの手当金は維新後になると、金（藩）札一〇両を帰藩後の審査を経て現金化するなど、その支給に制限がついた。これが藩財政引締めのためか、あるいは帰藩担保のためか、修行成果を上げるためかはわからないが、親は当座の費用の工面に奔走することになる。例えば、新番格以下の下級士であった若代漣蔵は、沼津兵学校へ遊学し一旦帰藩後成績優秀により再遊学を許可されたが、遊学資金が不足していたようで、養父老之助が遊学雑費として金四〇両の借用を藩の金館方へ申し入れている。明治三年（一八七〇）一月に「公法ヲ以」設置された金館はいわゆる藩士対象の貯蓄銀行としての機能を担っており、藩士救済機関として金貸し業務を行っていた。その規定は、士卒は給禄の六パーセントの借入ができるが、半年ごとに契約書の書き替えがあり利息を支払う、支払がない場合は給禄米を差し押さえる、というものであった。

**沼津兵学校修行生**　福井藩の他国修行のなかでも藩校改革推進に大きな役割を果たしたのが、沼津兵学校への遊学である。明治二年（一八六九）一〇月に永見裕（三三歳）を生徒寮長として計一六人もの他国修行生が派遣された。徳川家兵学校、通称沼津兵学校は静岡藩旧幕臣子弟を対象とした兵学校で、慶永と親交があった旧幕開成所教授の西周が校長を務めていた。洋算・洋学のレベルが高く、全国から修行生が集まった。その最初の修行生が福井藩修行生である。派遣されたのは一六歳から二五歳位までの士卒の者で、依命の者には一人一か月約一〇両二分の藩費が支給されている。当時の兵学校二等教授方の年俸一二〇両と比較すると、福井藩の修行生への厚遇と期待の大きさが感じられる。兵学校派遣に際して、修行生には「修行生規則」「塾中規則」が課せられた。前者では兵学校規則を遵守し勉学に励むこと、質素倹約を主とし休日以外は禁酒、席順は成績順、明治四年八月には帰藩することなど、後者では身の回りのことは自分ですること、夜は勉学以外に外出しないことなどが定められた。修行生はこれらの規則を遵守し「日夜勉励修業」することを誓約した。

**福井藩独自の「普通ノ学」**　沼津兵学校の学則を始め、教育内容、試験問題などの情報は逐次明新館へ報告がなされた。兵学校の国漢洋三学鼎立の教育内容もその一つである。兵学校の学則「掟書」（『西周全集』二）では、一四歳から一八歳の資業生は「書史講論、英仏語之内一科、数学、器械学、図画、乗馬、鉄砲打方、操練」といった軍事も含めた幅広い基礎教育、すなわち、専門基礎教育を四年間で修得し、試験を経て専門を学ぶ本業生（ほんぎょうせい）に及第すると規定されている。福井藩はこの規定を斟酌（しんしゃく）し、明治二年（一八六九）一二月の学制改革では中学校の「普通ノ学」を設置した。沼津兵学校では資業生（しぎょうせい）の教育内容を「普通学」と称したと言われているが、学則「掟書」への記載はない。明新館の「普通ノ学」は福井藩のオリジナルである。明治初期の「普通学」が初等教育レベルの読書算であることを思えば、福井藩の「普通ノ学」は後期中等教育レベルの専門基礎教育＝教養教育であった。二〇歳以下の藩士子弟に義務づけたこの「普通ノ学」の修得こそが、のちに数多くの多様な人材を全国へ輩出する原動力となった。福井藩士子弟の教養としての「普通ノ学」は、明治四年年二月の学制改革で中学校の学課から「武学」が削除され、制度上は四民の教養となった。

**新たな教養教育への模索**　沼津兵学校で学んだ永見裕、中根鳥介ら福井藩士六人は、藩命により、西周の兵部省出仕に随い上京し、明治三年（一八七〇）一一月、政事学修行のため、家塾育英舎へ入門した。育英舎では、西の学問研究の集大成ともいうべき「百学連環」が講じられた。西は「学術に二ツの性質あり。一はcommon、一はparticular是なり」と述べ、commonを「普通学」、particularを「殊別学」と訳し体系化した。沼津兵学校は実学重視で職業人養成色が強い学校であったが、育英舎の「百学連環」にみる「普通学」は学問すべてに係わる基礎となる点において、西洋の教養教育を彷彿とさせた。西の考える「普通学」とは近代国家を支える市民としての教養であり、西洋の伝統的な教養教育に匹敵する学問体系の構築を試みたものといえよう。「百学連環」は慶永へも回覧され、「政府の役人これを見て学び其方法を考察・施行するならば文明開化の域に日進の功を急がずして自然に人民日々開化日進すべしと思われたり」と称賛された（『西周全集』四）。福井藩校のさらなる改革は廃藩置県により実現しなかったが、その系譜は私立中学として存続し、明治一一年一月に設立された石川県公立明新中学校（越前国足羽郡）に継承されている。明新中学校教則では「学業ニ普通専門ノ別アル」として、普通教育課程三年、専門教育課程六年が設置された。

**藩校改革のレガシー**　福井藩校改革は他国修行と最高の師の両輪により独自の路線を全国に先駆けて推進することを可能とした。前者は専門基礎教育＝教養教育としての「普通ノ学」を、後者は実学主義と実験科学の伝統を福井藩へもたらした。藩校改革の成果は、当時全国的に理数系の人材を欠くなか、存在価値を大いに発揮した。廃藩置県後は、旧福井藩出身者が中央・地方の官吏として、また県職員や県会議員、小学校・中学校の教員など、新しい地域のミドルクラスとして、近代日本を多方面から支えた。

# テクノクラート佐々木権六の幕末

長野　栄俊

佐々木権六（長淳。一八三〇～一九一六）は知行二〇〇石の中級藩士の家に生まれた。「忠直確実にして勇邁之気象あり、砲術を精究し、且図画及器械製造之巧思を天性に得たり」とは、隣人かつ学問の師だった中根雪江による佐々木評である（『奉答紀事』）。本稿では技術官僚として軍事改革の中枢にあった佐々木の生涯をたどってみたい。

**剣術改革**　軍事改革というと、洋式砲術の導入だけに目が向きがちだが、剣術改革も重要な要素の一つであった。佐々木の母方のおじで田宮流居合術師範の鰐淵三郎兵衛が、嘉永元年（一八四八）夏、長剣術家との他流試合に応じた。これを機に、福井藩の剣術界にも他流試合の解禁、長剣術の導入、竹刀打込剣術の盛行といった実戦化に向けた変革の波が及んだ。翌二年、鰐淵は子の喜太郎を江戸の窪田助太郎（窪田派田宮流）に、佐々木を男谷精一郎（直心影流）のもとに修行に送り出して長剣術の導入を図っている。三年に帰国した喜太郎は藩の長剣術指南役を兼ね、佐々木は五年に斎藤新太郎率いる神道無念流門人との他流試合で修行の成果を発揮した〔長野栄俊 二〇一四〕。「福井藩士の長剣術を修めしは、此両人を以て鼻祖とす」（松平文庫九八六）とされる通り、彼らを嚆矢として長剣術修行の下命が相次ぎ、後には「長剣術幷砲術」の併修を命じられる者もあった。修行先の一つに斎藤弥九郎の名も含まれることから、西洋銃隊調練までを視野に入れた改革を志向したものと思われる。

**砲術調練修行**　幕臣の下曾根金三郎から砲術を学んだ西尾源太左衛門・十左衛門父子は、嘉永元年（一八四八）四月から藩の高島流師範として蘭式砲術を教授し始めていた。佐々木もその門人だったようであり、同三年九月に坂井郡泥原新保浦で大砲試放が行われた際には一耳砲（カロナーデ砲）を放っている（『福井市史別』69）。

ペリー来航直後の嘉永六年六月一一日、佐々木は父の跡知を相続、翌月には武術修行を願い出て出府する。しかしこの間、藩士五〇人に対し砲術調練修行の下命があったことから、佐々木の修行の目的も「大砲小銃の操練法、射撃術、製造法」などの習得へと変更された（「佐々木長淳略履歴」越前史料）。修行先は下曾根の門とみられるが、佐々木自身の筆になる「和蘭銅製六斤・十二斤加農砲」の図面（松平文庫一〇三二）に「江川太郎左衛門所蔵原書ヨリ抄写」とあることから韮山塾だった可能性もある。こうした他国修行は、技術の習得にとどまらず、知的・人的な交流につながった点にも留意したい。

**黒船探索**　在府中の嘉永七年一月に「大砲預ケ」の任に就き、ほどなくしてペリーが再来航すると、異国船形勢の斥候を命じられた。藩には情報探索を担う忍之者もいたが、佐々木は剣術と砲術の両方を修めており、また図画の才も備えていたことから、特別に探索の任が与えられたのだろう。和親条約締結の直前には、神奈川沖から便船を仕立てて米艦ポーハタン号に乗り込み、艦内の「大砲其他之要器」を写し取ったといい、その見取図が松平慶永筆「合同舶入相秘記」（『春嶽全集三』）に収められている。この黒船探索行は「乗り入たる者迚ハ千万人中之一人也」（『奉答紀事』）とされるほどの希少な経験であり、後の製造事業にも活かされたようだ。

**兵書編纂**　その後まもなくして帰国すると、今度は和蘭陸軍歩兵操練書調査編纂兼務を命じられる。従来、藩の軍制は義経流兵法によっていたが、嘉永期には蘭式を御家流とする改革に着手していた。まず嘉永三年に蘭学者の市川斎宮を召し出して兵学や砲術の原書翻訳に当たらせ、蘭式砲術を御家流と定めて西尾家以外の古流五家にも兼修を命じた。また五年には弓足軽組を廃して銃陣編制とし、翌六年には小銃新調に際して洋式銃とすべきことを定めている。城下の堂形に調練場を設置し、諸隊の操練が行われるようになるのもこの年のことである。

七年六月からの調査編纂では市川が訳読、佐々木が筆録と画を担当したが、その成果は原文からの直訳であり、文章も難解なものだったようだ。兵書「越前家流総備編制法大組学」（松平文庫一一〇九）は、オランダ王家述の原書（一八三二年刊）から二人が直訳したものを、理解しやすいよう慶永が俗文に重訳したものである。このほか二人が編纂に携わったらしき歩兵操練書に「御家流兵士訓練」（同・追加）、「御家流組訓練」（越国文庫）などがある。

**銃砲製造**　嘉永七年（一八五四）は理論面のみならず、技術・製造面でも重要な職務を任された。国許で最初に洋式砲が鋳造されたのは嘉永元年八月、坂井郡三国道実島の鋳物師工場でのことである。同六年一一月には藩士から一〇人の大砲製造掛りを選任し、後には吉田郡松岡の芝原鋳物師にも鋳造させて量産を目指した。一方、洋式小銃については、同七年一〇月、江戸霊岸島邸から城下泉水町の一〇〇〇坪余の土地に工場を移し、江戸から呼び寄せた西洋流鉄砲師に雷管式ゲベール銃の製造に取り組ませたのが最初である。このとき佐々木を含む士卒一〇人が大小銃幷弾薬製造掛りに任じられ、「原法之通」（蘭書の通り）に精製できるよう相談すべきことが併せて命じられた。

主な相談相手となったのは、市川や橋本左内らの蘭学者である。翌安政二年（一八五五）二月から約一年間、大砲製造取調御用のため出府した佐々木は市川のもとに通い詰めた（「浮天斎日記」）。また「和蘭陀新製の野戦砲十二ドイム口径コロニヤールカノンの原書」を臨写するため、薩摩藩邸に通った際には、橋本が文章を、佐々木が絵図を写したとの回想も伝わっている〔山田秋甫 一九三二〕。

藩の武器製造部門は、遅くとも安政二年八月には製造方と呼ばれており、同四年一月には製造掛りの中から佐々木と三岡石五郎（後の由利公正）の二人が製造方頭取に選任された。またこの年三月には城下北東隅の志比口に製造方役所を移し、一四〇〇坪の土地に鍛工場・鉄工場・木工場・製薬場・水車場・射撃場など数棟を建設した。移転は藩の「水車御派立之御趣意」に基づくもので、城下を潤す芝原用水を水車動力として利用し、「悉く人力を省」いて小銃錐入や螺釘・車鉄・火門などの製作を行うねらいがあった（「佐々木文書」越前史料）。

ここでの小銃製造の実態は必ずしも明らかになっていないが、当初「雷管装置和蘭歩兵銃（ゲベール銃）」を量産して「越前一国中のみならず尚ほ他の国々へも輸送拡張せん」ことを目的にしていたという（松平文庫一〇三二）。そのため城下の鉄砲職には私宅での製造を禁じ、製造方の細工場で鉄砲職世話役のもと一元的な製造に当たらせることにした（『慶永家譜』）。安政四年（一八五七）一〇月段階で「日々一挺づゝ」の小銃製造が可能となっており（『景岳全集』二一八）、廃藩までの十数年間で「六七千挺を製造した」ともいわれる（芳賀八弥一九〇二）。

元治・慶応期（一八六四～六八）には国内の洋式銃の主流は、前装滑腔銃（ゲベール銃）から前装施条銃（ミニエー銃〈英製エンフィールド銃〉）へと推移する。藩でもこの動きに対応すべく、慶応元年（一八六五）に施条銃への切り替えを行い、志比口で銃身内へのライフリング（施条）技術を確立させたものと思われる。米国から購入した五〇〇挺を加えると、同三年には「諸隊悉く施条銃を携ふるを得た」といい（松平文庫九八六）、また「他ノ藩ヨリモ、エンへル及玉薬ノ注文アリタリ」という状況になっていた（同六九三）。

**火薬製造**　玉薬（火薬）については、安政四年（一八五七）、松岡に火薬所（合薬所・火薬局）を設置して製造を進めることとした。これは従来、同地に越中五箇山産の白塩硝を一手に扱う藩の塩硝御用商人がおり、また九頭竜川の芝原用水取水口付近に複数の水車を設けて動力源にできたためである。しかし、同年四月にこの火薬所は大爆発を起こして製造方見習の士卒ら六人が爆死する事故を起こし、翌年三月にも人死にこそなかったものの再度の事故があった。藩が再稼働を暫時見合わせるとした史料があることから、この時点をもって同所が「閉鎖」されたとみる向きもある。

しかし、遅くとも安政六年一一月の時点で、製造方からシフトした制産方のなかに合薬方に任じられた藩士の存在が確認でき、再稼働にはさほどの時間はかからなかったものと思われる。佐々木は英国から取り寄せた火薬を手本に火薬の研究を進め、戊辰戦争の際には「パトロン（球形鉛弾と火薬をパトロン紙で包んだもの）」を「毎日五六万発づゝ」も製造できるようになっていたという（長野栄俊 二〇〇八）。

**洋式船建造**　そのほか佐々木が製造方頭取として取り組んだ事業に、一本マストの洋式帆船「コットル船（カッター）」の建造がある。同形の建造事例としては安政四年（一八五七）に幕府の長崎海軍伝習所で竣工した「長崎形」、翌五年に佐賀藩が建造した「晨風丸」があるが、いずれもオランダ人教官らの指導を得たものである。これに対し、福井藩では佐々木が「造艦原書類」を調査してほぼ独力で造船に取り組んだ。安政四年、約三尺の雛形を製作して幕府船方の中浜万次郎に指導を受けたところ、中浜はその「構思精到にハ舌を捲て感賞」して三か所を手直ししただけだったという（『奉答紀事』）。これに力を得て、同年九月に幕府に届け出、坂井郡宿浦での建造に着手した。船材は北潟の松林から伐り出し、鷹巣山産出の石炭から製したコールタールで船体を黒く塗り、山竹田産の松根油（タール）で帆綱を染めた（材料の産地はいずれも坂井郡）（長野栄俊 二〇〇八）。同船は全長一一間、幅三間半と小型ながらも「軍艦」として建造されており、砲門も切られていた。安政六年四月に進水をみており、「一番丸」と命名されている。

**築港工事**　藩ではこうした洋式船を「連々数艘製造」する計画があったが、藩の外港三国湊は川湊で浅瀬であり、藩領の海岸線は荒磯のため、大型船の繋留には不向きだった。そのため安政五年頃には坂井郡安島浦で波除石を積み、海底の岩組を取り除く築港工事の計画が持ち上がっていた（『景岳全集』四六六）。しかし五年間ほどは具体的な進捗は認められず、工事着手への直接の契機となるのは文久三年（一八六三）五月、アメリカ製の木製蒸気船「黒龍丸」（全長二八間余、幅四間余）の購入であった。この大型船を参勤交代に用いることも想定していたようだが、主たる目的は領内の産物を集約して大量輸送することにあった。翌月、佐々木は安島浦御普請御用掛りを命じられ、「幅七間、高さ三間半、長さ百間の波止場」（雄島村誌 一九三二）を築造するため、同地への家内引越も認められている。工事に必要な知識や技術を得ようと、まずは箱館の異人から「安島大巌積立等之学問」を教授してもらう計画を立て（『書簡集』四七）、ついで米国に密航して現地で調査することを目論んだ。

**渡米**　しかし慶永から軽挙を戒められたため、慶応二年（一八六六）の海外渡航の解禁を待ち、米国商人ヴァン・リードの仲介も得て、翌三年四月に印章（旅券）の発給を受けた。文久元年（一八六一）から英学を学んでいた藩の卒・柳本直太郎が通訳として同行し、横浜をコロラド号で出港、サンフランシスコ到着は五月一二日のことだった。

ワシントンでは臨時陸軍長官グラントに「陸海軍に関する軍器火薬製造所其他要塞倉庫等を視察し、且模範とすべき大砲小銃等を購求せん」とする藩主の意向を伝えて賛意を得た（『史料が語る』52）。ジョンソン大統領への謁見もあり、政府公認のもと南北戦争後の余剰兵器の購入や陸海軍学校・海中防波堤も含めた各地の軍関係施設を視察し、約半年間の滞米を終えて一二月九日に帰港している。この時持ち帰ったものは、八門の三インチ砲、数百挺のレミントン後装銃・スペンサー七連発銃・ピストル類、デラウェア港波戸場の図面などであり（「佐々木長淳略履歴」）、藩の軍事力強化に貢献しただけでなく、新式銃砲の国産化や築港工事推進の参考となるはずであった。

**帰国後**　ところが明治二年（一八六九）八月、藩制改革により築港工事は見合せとなり、同年一一月には製造局が廃止、佐々木も機械製造局司事の職を解かれてしまう。それでも翌三年には志比口の製作場水車で、米国で購求した力織機二台を用いた西洋織物試験掛りを新たに命じられた。「繊維王国福井」への端緒を開く取り組みである。

佐々木は福井藩では一貫して技術官僚としてあり続けた特異な存在であったが、廃藩後は新政府に出仕し、養蚕・製糸・紡績の分野でやはり実務官僚として活躍することになる。

# 幕末維新期の三国湊内田家と海運

平野俊幸

三国湊は、宝亀九年（七七八）九月に渤海使が来航したのを記録上の初見とし、室町時代に成立したとされる海洋法規集「廻船式目」に三津七湊の一つにあげられた湊である。慶長五年（一六〇〇）徳川家康の次男結城秀康が越前六八万石に入封し福井藩が成立すると、三国湊はその外港として保護を受け、沖の口制度により諸物資の出入が管理された。これは、三国湊が九頭竜川の河口右岸に位置し、大小の河川水運の便を通じて越前内陸部との物資の輸送を一円に取り扱える海陸の結節点にあったことによる。その後、福井藩が〝貞享の大法〟などで領地をほぼ半減され、幕府領や丸岡藩、鯖江藩等の諸藩が成立したが、三国湊の海陸積替の機能は維持され、むしろ越前国内の諸藩等の領内外への物資取扱いに三国湊の商人が大きく関与した。

**内田家の三国湊移住**　三国湊有数の豪商室屋内田家の祖先は、戦国大名越前一乗谷朝倉氏の家臣内田十内と伝える。十内は、朝倉氏没落後は舟橋（福井市）の北辺に一時居住していたが、江戸時代に入り室屋儀右衛門と名乗り福井城下で酒糀商を営んだ。そして三代儀右衛門の弟惣右衛門が、元禄一六年（一七〇三）二五歳のときに三国湊に出店分家したという（内田璞家文書⑤283、⑤293）。

惣右衛門は来湊当初、同湊松ケ下町で借宅を構え搗米商・糀商等を営んでいたが、その後川下の元新町に移転し、次いで享保二年（一七一七）三九歳のときには同町の九頭竜川に面した家屋敷を購入し土蔵も建てており、この間の順調な経営ぶりが想像される。それは、搗米商・糀商で得た利益を元に小質と材木貸等を行って得たもので、現存する元禄から享保期にかけての証文類からは公儀物成米・丸岡津出米・鯖江御蔵米・菜種・小麦・立ケ浜塩・荒井塩・石見長割鉄・松前材木・会津杉・能代保田杉など様々な地域の多彩な商品が確認できる（内田璞家文書）。

**問屋商人から北前船主へ**　内田家が廻船業に進出したのは二代目惣右衛門からで、貸金の利回しによる収益よりも廻船業による収益を好み、延享二年（一七四五）に元祖惣右衛門が六七歳で死去した後に第一丸と長生丸の羽賀瀬船二艘を所有したという。それは二代目の没年（天明元年〈一七八一〉、八〇歳）からみて四〇代半ば以降のことであった（内田璞家文書⑤308）。羽賀瀬船は、俗にハガイソとも呼ばれ、舳の形が鳥の羽がいの様で、河口港に適する船底が平らな日本海側独特の船型であり、三国湊では近世後期まで使用されていた（石井謙治　一九八三）。

享和三年（一八〇三）の二〇〇石以上廻船改では、内田家の船は弁才船一艘（四〇〇石積）、羽賀瀬船一艘（三五〇石積）の計二艘が計上されている（『湊史料』三国―三）。七年後の文化七年（一八一〇）には、内田家は二〇年超を経過した長寿の羽賀瀬船二艘（第一丸・四〇〇石積、長生丸・四五〇石積）、弁才船五艘（一陽丸・長寿丸・常盤丸・朝日丸・廣栄丸、いずれも四五〇石積）の計七艘を所有していた。しかも、弁才船五艘のうち二艘は名義上「安嶋名前」にしていた（『三国町内田』）。これは安嶋浦の船頭自身が対外的には船主であるように見せていたことになる。

**内田家廻船の活躍**　近世における内田家の廻船所有及びその利益の全貌を示す帳簿そのものは、現存しない。しかし、たとえば石見国浜田外ノ浦清水家所蔵の「諸国御客船帳」には、本家分家を含め内田家の廻船は次のとおり記されている。本内田家（室屋惣右衛門家）では、文政元年（一八一八）秋田登入船の勢丸から明治一二年（一八七九）登入船の万全丸まで一四艘、東内田家（室屋平右衛門家）では、文政五年庄内登入船の富久丸から慶応三年（一八六七）登入船の寿宝丸まで一五艘、西内田家（室屋武右衛門家）では、安政三年（一八五六）下入船の千寿丸から慶応二年入津の万全丸まで四艘、その他を合わせて延べ四二艘に及ぶ（『御客船帳』）。もちろん、同じ廻船名が継続しない場合もあるので、延べ廻船数が同時期に所有した廻船数全てとは限らないが、多くの内田家の廻船が諸国の港に出入していたことは各地に残されている客船帳等の記録でも明らかである。

わずかに残る本内田家の記録には帳簿タイトルが一部判明し、それによれば所有船に関する「手船算用帳」に加えて、「加入船算用帳」が作成されている（内田璞家文書⑤324）。これは、他の問屋商人所有の廻船に出資加入し算用しているもので、三国湊では多くの事例がある（『三国町海運』「森田家文書・新屋文書」ほか）。三国湊近隣の米ケ脇浦の刀禰五郎兵衛家は本内田家の廻船の船頭を務めていたが、帳簿の一冊には裏表紙に「越前国内田惣右衛門手船売買廻方支配…刀祢文蔵」と記されており、本内田家の廻船永保丸の船頭として米や鰊をはじめとする日本海海運による遠隔地間の売買やそれに伴う為替取組など買積経営に特徴的な各種取引が行われていた（刀祢五郎兵衛家文書）。もちろん、福井藩等の年貢米の廻米や地払い対応に加え、文政年間以降秋田藩佐竹氏の年貢米の大坂廻米のうち毎年三〇〇〇石分を継続して請け負うなど多様な廻船経営が行われていた（「内田文書」越前史料）。

一方、文化年間に本内田家から分家独立した西内田家に関しては、分家の際に本内田家から譲渡された長寿丸（五〇〇石積、弁才船）を文化一三年に手放すまで七年間保有した。その後は本内田家等と共同にて廻船を所有しており、たとえば文政五年には本内田家、親戚の八十島家等と山城丸（七〇〇石積）など四艘を共同で所有していたが、西内田家は各々二歩（二〇％）加入していた。その後も西内田家では、本内田家のほか森田三郎右衛門・木屋甚右衛門等三国湊の有力商人の廻船複数に対して二歩から四歩を投資していた。ただし、廻船経営だけみる限り、廻船へ投資することが常に利益を得ている訳ではなかったことには注意しておくべきである（内田璞家文書①27）。

なお、明治に入るが、明治二年の本内田家の店卸記録による利分内訳は、屋号〝室屋〟の由来であり「当家第一之商業」（内田璞家文書⑤299）とされる麹関係が銀一一〇貫余、轆轤関係が金四〇両余、蔵敷関係が銀六九貫匁余、売買帳表が銀一〇〇〇貫匁余であるのに対して、廻船業による手船利分は金四万六八八一両余で、年により振れ幅は大きいものの桁違いの収益であった（内田璞家文書②48）。

**内田家と福井藩**

内田家が商業的に成功して大きく発展し三国湊での地位を向上させるにつれ、福井藩との関係もまた強くなっていった。宝暦年間（一七五一～六四）以前の内田家の姿は不明な点が少なくないが、享保年間には三国湊の米手形商元締を小針屋五郎兵衛とともに務めており、享保一八年一月から一〇月までに発行された米手形三三万余俵分の口銭銀約七貫匁を福井藩に納めるなど、三国湊の商業繁栄を背景に活躍を広げており（『三国町史』一九六四）、元文二年（一七三七）正月に福井藩の札所元締に選ばれた六〇名余の中に室屋惣右衛門の名も見える（『国事叢記』）。

宝暦一〇年五月、福井藩が福井城下及び在方の富商二八人に札所元締役を命じた中に、三国湊では室屋与三右衛門（物右衛門）が含まれ、福井藩領内加入金総額二万五〇〇〇両のうち内田家が二二五両を負担している（「福井藩御用金覚」越前史料）。さらに文化元年には、福井藩による御勝手向趣法実施に伴い、藩領域内で御内用達役五人が命じられた。福井城下の多田善四郎・井上七兵衛・山田五郎兵衛及び三国湊の本内田家（室屋惣右衛門）及び東内田家（室屋平右衛門）で、以後この五人が資金調達に関わることになる。この五人からの調達は一〇〇〇両単位で毎年数回に及んだが、中でも文化七年には五人で一万両の調達で、うち五〇〇〇両を福井の三人、三〇〇〇両を本内田家、二〇〇〇両を東内田家が割当てられた（「内田惣右衛門御用向勤書扣（控）」越前史料）。これにより本内田家は知行五〇石が与えられた。本内田家の知行は文政六年に二五〇石を加え三〇〇石の扶持に及んだが、これは御勝手向御趣法掛として二万三〇〇〇両という巨額の調達命令に応えたことによる（「御増高及御金調達記録」越前史料）。

財政窮乏にあえぐ福井藩からは、頻繁な御用金調達だけでなく御札所元〆役として藩札と入替えのため御札所への上納もまた毎年数千両に及んでいた。さらに文政七年からの三年間は一万両を超え、特に文政七年は二万二〇〇〇両余を上納していた（「内田惣右衛門御用向勤書扣」越前史料）。五代惣右衛門（庸）が享和三年に家督相続してから文政一二年までの二七年間に福井藩に入替金として納めた正金の額は一三万八六〇〇両に及んだが（「内田曾平勤書」越前史料）、こうした各種の調達や御用金等は幕末までほぼ間断なく続けられた。

**幕末維新期の内田家**　福井藩が雄藩として台頭し幕末の政局に深く関わるなか、本内田家では五代惣右衛門が天保飢饉中の天保六年（一八三五）に四九歳で死亡し、さらに六代石松が嘉永五年（一八五二）に享年二九、七代真太郎が慶応元年に享年二四と、当主が二代続けて早世した（『三国町内田』）。抜本的改革を断行し殖産興業策を推進していた福井藩にとって、財政的に依存を深めていた内田家の経営が不安定化していく状況に危機感を募らせ、文久三年（一八六三）一一月に福井藩御奉行の勝木十蔵が本内田家を訪れ、家法や店則等を整備させるとともに、西内田家隠居など一族の中から年長の者が本内田家当主を補佐するよう求め、分家・別家その他奉公人の幹部が合議で内田家の経営を進める体制が整備された。

幕末維新期の難局を本内田家で取り仕切ったのは、七代真太郎亡き後に分家松内田家から養子に入った周平であった。しかし、港の水深低下の起死回生策として期待された坂井港波止堤の築堤工事は、これに深く関わった周平をはじめとする湊町三国を代表する商人達に多額の費用負担を強い、その後の松方デフレ政策に伴う大規模な不景気は、本内田家が日本海海運そして近代商業港としての表舞台から姿を消す契機となった（『三国町内田』）。

# 御用日記にみる慶永大奥の女性たち

柳沢　芙美子

**慶永付側向頭取の日記**　松平慶永（一八二八～九〇）の側向頭取が記した日記が残されている。欠落している期間はあるが、一一歳で藩主となった天保九年（一八三八）から弘化三年（一八四六）までの「少傅日録抄」六冊（松平文庫七〇六）と、その後一三年ほど空いて、安政の大獄によって隠居・急度慎に処せられた翌年、安政六年（一八五九）から慶応四年（一八六八）七月までの連続した一〇年間の「御用日記」一六冊（同七〇五）、あわせて二二冊である。

側向頭取は、主君の日常に奉仕する側向の小姓や近習の監督、手元費用の管理等を職務とした。その御用日記は、慶永の日常を詳細に知りうる同時代に作成された一次資料である。その内容は、起床時刻と当番医師の診断や投薬、登城等の時刻やルート、食事の場所やその内容、行事の詳細や献立、多様な来訪者とその接遇、古典等の会読の相手や書名、手紙の発着、贈答儀礼やこれに用いられた各地の名産品・領内の特産物、入浴・就寝の場所と時刻にいたるまで、実に多岐に渉っている。反面で重臣や来訪者との情報交換や会談内容はほとんど記されないという、その職務に由来する制約をもった資料である。

本稿では、この側向頭取の御用日記（以下、日記と略）を手がかりに、これまでほとんど取りあげられることがなかった正室勇姫と奥女中等のあり様を紹介したい（以下、とくに示さない限り典拠は「少傅日録抄」「御用日記」）。

**慶永付の奥女中**　一般に大名屋敷は、藩主が公務や儀式を行う「表」と家族が生活する「奥」に分かれており、家門の福井藩では、藩邸の奥向を幕府と同様に「大奥」と呼んでいた。福井藩大奥の職制を見ておこう。奥女中の筆頭である年寄は、大奥の事務会計を取り仕切る広敷用人や側向頭取、家老と用談して奥女中たちを取り締った。若年寄はこれを補佐し、中﨟は側室とされている。御錠口は表と奥の境にある錠口を管理し小姓頭取等と応接、表使は諸大名への御使や応接を行う外交係、公的な書状を取扱う右筆や食事等を取扱う御次も置かれた。こうした福井藩の奥女中職制は、御三家や将軍の息女を正室に迎えた加賀藩等と同様に幕府大奥をモデルとしたものであった〔畑尚子 二〇〇九〕。

慶永が藩主となった際、前藩主斉善の大奥に仕えていた奥女中たちはどうなったのだろう。奥女中七名が剃髪（隠居）を願い出たが差止められ、天保九年一〇月、改めて慶永付の奥女中に任ぜられた。年寄「岡野」「槙浦」、御錠口「石野」、表使「三島」「磯田」「八十瀬」「初瀬」である。一二月には田安家ゆかりの奥女中である年寄「幾野」（抱守から昇格）、若年寄「玉江」、御錠口「花野」、同介「とえ」が加わり一一人となった。彼女たちは御目見以上で、この下に呉服の間・御三の間・中居・使番・半下などがいたと考えられるが、日記にはほとんど登場しない。

この時期の大奥年寄と側向頭取との協議事項は、倹約の折から中之郷屋敷遊覧の土産の配付先を削減、帰殿が遅くなった時には奥女中との対顔は中止といった内容で、少年藩主の奥向の長閑なようすが伝わってくる。中之郷屋敷は大きな池を囲む回遊式庭園と桜並木の馬場を備えており、そこからの土産は幾籠もの桜餅と大量の蜆で、大奥を通して松栄院（斉承正室・将軍家斉子）や父の田安斉匡、謹姫（阿部正弘正室・一四代藩主治好子）等に届けられた。

**年寄歌島・磯岡**　若年寄「玉江」は、文久三年（一八六三）の年寄「歌島」（表、土居延寿）と同一人物で、慶永の出生時からに田安家に仕えていた女性であった。天保一二年四月に改名し長く慶永に近侍した。またその前月には同様に慶永付の奥女中として長期間仕え、「歌島」とともに明治二年（一八六九）に養子をとり藩士として一家を興した

「磯岡」（北村養寿）も年寄となっている（『藩士履歴』）。

「磯岡」は、中根靭負（雪江）が「女丈夫といふへき男コ魂の気概あり」「時事の艱難に際し、事によりてハ諌諍をも申上げたり」と回想していることから、慶永に対して面と向かっていさめることもあった人物である。とくに正室勇姫との婚礼が済んだばかりの嘉永三年（一八五〇）には、新調分から家中と同様木綿・紬の着用を求めた厳しい倹約が申し渡されたこともあって、勇姫付と慶永付の奥女中との間の対立が激しくなり、離婚問題にまで発展する事態となった。「磯岡」はその調整に尽力し、勇姫付を含む奥女中二〇人の削減の際にいったん隠居・退役し、その後「養寿」と名を改めて再び出仕した（『福井市史4』一八八）。

**霊岸島中屋敷の大奥**　大老井伊直弼との政争に敗れ三一歳で隠居・急度慎となった慶永は、安政五年一〇月春嶽と改名し、翌月幕府の命令で霊岸島中屋敷に移った。同時期に勇姫も同邸へ引き移っている。引き移り当初半月ほどについては、慶永付きの奥女中の日記が残されていることから、奥女中の業務日記も作成されていたことが推測できる（『福井市史4』一八九）。この処罰は「切腹にも次ぐ重い処罰で、親族や家臣との文通や面会も禁じられるなど、外界とは全く遮断」されていたとされるが、実際にはどんな幽閉生活を送っていたのだろうか〔福井県史一九九六〕。

安政六年の年頭から残る日記では、蓬莱飾りや祝膳は略式で庭の諸社へは代拝としながらも読初・書初も慣例通り行い、家老狛山城、側用人中根靭負、用人島田近江らの家臣の祝儀挨拶を受け、春嶽自らが御酌し、裂鯣の振舞いも行った。三日には藩主茂昭が行列を仕立てて来邸し、勇姫とともに対面した。その後昼と夕方の食事も勇姫と同座して取っている。手紙の来信こそ記録されてはいないが、福井との間の飛脚は月二度ほど往復し、近親の大名家からは、紅梅鉢植え（細川斉護）、国産（鯛）浜焼（阿部正教）などが贈られ、家臣からは、わかめ・勝山産そば粉・坂井郡十楽村産のお茶・桜鉢植え、奥女中からは筍や蕨など季節の山菜等が届けられた。さすがに庭に出る際には、自制して表を締め切り大奥側の庭を散歩したが、三月には儒者矢島恕介との古典講読を再開していた。

このように邸内での勇姫・藩主茂昭や家臣との面会は比較的自由に行われていた。四月に入って茂昭が庭先の歩行を幕府に願い出て公式に許されて以降、庭の散歩と海水を引き入れた池での釣、築山での遠望が日課となった。この庭遊びと釣りには時として勇姫を伴うことがあった。五月には、海手の番所に屏風をたて毛氈を敷いて二人で海の眺望を楽しみ、八月には慶永の水まきのようすを勇姫が透見している。

**安姫の誕生と産婆・乳持**　初めての子の誕生は翌万延元年（一八六〇）、この霊岸島邸でのことであった。懐妊と診断された三月には、産婆「薩摩婆」が呼ばれて仮腹帯を着け、四月には着帯祝儀が催された。しかし同月中旬に父細川斉護が死去すると、勇姫は沈みがちとなり愁歎を訴えるようになった。このため春嶽の命令で運動のためにしばらく表御座の間でともに食事をとることにした。食事後内庭を逍遥したり時には庭に綿羊を放して見物したりすることもあった。こうして八月、勇姫は無事女児を出産し安姫と名付けられた。「薩摩婆」は幕府大奥でも御産御用を務めた産婆であり、この時には福井城下から町医で産科を専門とする石田一恵も江戸へ呼び寄せられていた。

福井城下にも「薩摩婆」と同様に大奥の御産御用を務めた産婆が存在した。すなわち慶応元年に福井城で生まれた安姫の妹貞姫（母は中臈たま）の出産に関わった産婆は、福井城下の産婆「桔梗屋やつ」であり、藩主茂昭の子高麿・信次郎（茂昭の後の当主康荘・母は菅子（八十瀬））の出産にも関わった。八月の戊の日には帯祝が行われ、石田一恵（子一策が出席）ら医師とともに「やつ」に吸物と酒を下された。また翌年五月の貞姫の色直し・箸揃（お食い初め）の祝儀では、石田父子と「やつ」に金一〇〇疋が下された。「やつ」の先代は福井で仁之助（一五代藩主斉承）の出産を助け一代限りで二人扶持を給された（松平文庫九三四）。

なお奥女中奉公全般が同様であったが、乳持（乳母）奉公をするにあたっても、守秘義務や風紀に関する自省に加

**表　大奥の職制と奥女中**（文久３年）

| 春嶽付 | | 勇姫付 | | 安姫付 | | 茂昭付 | |
|---|---|---|---|---|---|---|---|
| 職名 | 名前 | 職名 | 名前 | 職名 | 名前 | 職名 | 名前 |
| 年寄 | 歌島<br>山沢 | 年寄 | 浪江<br>浪野 | 年寄格<br>・御守 | 石野 | 年寄 | 袖野<br>三崎 |
| 若年寄席・<br>中臈<br>若年寄格<br>中臈 | ひな<br>八十瀬<br>たま | 若年寄<br>中臈 | 崎尾<br>米多<br>なか<br>ふさ | — | — | 若年寄格<br>中臈 | 磯田<br>八重 |
| 御錠口<br>同格表使<br>同介 | 梶野<br>玉江<br>るき | — | — | — | — | 御錠口<br>御錠口介 | 沢野<br>せよ |
| 表使 | — | 小姓格<br>側詰 | みの<br>はま | 表使格<br>御守手代 | 滝瀬 | 表使<br>表使格<br>・右筆<br>表使介<br>右筆 | 戸山<br>三崎<br>浪尾<br>かる |
| 右筆 | たそ<br>ため | | | — | — | | |
| 御次 | そや<br>そて<br>とや<br>きさ | | | 御次 | あよ<br>きん | | |
| 御三の間 | はな | 呉服の間 | いく | 御三の間<br>同雇<br>相合末頭 | すゝ<br>りよ<br>こよ | | |
| 中居<br>使番<br>半下 | 若竹・呉服<br>湊・桜木<br>汀・東屋・小笹<br>薫・梅枝・花妻<br>小桜 | | | | | | |
| | | | | 乳持 | 亀・鶴・松 | | |

＊「大奥女中分限帳」（松平文庫911）による。

え食事に注意する等を記した前文に血判を押して誓う起請文が残されている。表のように安姫が数え四歳となった文久三年（一八六三）では、「鶴・亀・松」の三名の乳持がおかれていた（松平文庫九三四、九一一）。

**勇姫のいる福井城**　文久二年、政界に復帰した春嶽が政事総裁職として手掛けた参勤交代制の緩和によって、勇姫は初めて福井の地にやってくることになる。参勤交代が制度化されて以降、二百数十年ぶりに福井城に居住した正室であった。

文久三年三月、勇姫は乗物五四挺、総勢一〇〇余人の行列で中山道を通り福井に到着した。安姫はもちろん前年に春嶽の元に引き取った青松院（春嶽母）も伴っていた。この時春嶽の御座所とした西三ノ丸は手狭だったため、仮住居となったのは西側の高知席本多源四郎の屋敷であった。御座所との間には幅一五間の堀と石垣があったが、この間は屋根のある御廊下橋が仮設されていた。表はこの時期の大奥の体制を示したものである。翌年九月、完成した東三ノ丸屋形に、春嶽御座所、大奥（勇姫・安姫・青松院）ともに引き移った。勇姫はこの福井城三ノ丸で明治三年（一八七〇）に東京へ移るまで過ごした（松平文庫一三九一）。

参預会議が崩壊し春嶽が福井に戻った元治元年（一八六四）四月には、春嶽の正四位叙位に対応し勇姫の呼称は御前様から御簾中様と改められた。その後は禁門の変から茂昭の副将としての長州出兵、年末の水戸浪士鎮圧のための春嶽の出陣等で慌ただしい。これに対して慶応元年の年頭から二年六月までの一年半は、五月に体調を崩した安姫があっけなく逝去した出来事を除けば、政局の混迷とはうらはらに福井城下で勇姫とともに比較的穏やかに過ごした時期であったといえよう。

この間、二人が城外へ同行した行事をあげてみよう。慶応元年一月には城下左義長の催し馬威しを佐野小太郎屋敷に増設した仮物見で見物した。二月には足羽川と日野川が合流する大瀬村の別館で摘み草を楽しみ、野鉄砲に出た春嶽とともに弁当や舟遊びを楽しんだ。桃花盛りの三月には、松平貫之助下屋敷（現、三秀園跡）へ出掛け、城下廻りののちに合流した春嶽と家臣らの酒宴に同席した。その月末には松岡天竜寺に参詣、六月には御泉水邸の庭園を逍遥、本多修理の茶室（竹香書屋）を訪れた。八月には足羽川猿ケ渕で春嶽の鮎網を見物、九月には大安寺に参詣し松茸狩りを楽しんでいる。翌二年にも、馬威し見物と松平貫之助下屋敷二階の裁錦楼で桃花山水を眺望、三月に孝顕寺参詣、五月には夕刻を御泉水屋敷で過ごした。こうした遊覧は一面で漢詩・和歌等の詩作や紀行文を作る格好の機会でもあった。幕末には漢詩・和歌・俳句等の文芸が身分を超えて豪商農層へ広がりをみせ、女性も少数ではあるがこうした文化的な集まりに参加している。春嶽は奥女中の八十瀬らを介して橘曙覧と交流したことが知られている。

最後に勇姫が祖母蓮性院（春嶽の伯母）に贈った和歌を紹介しておこう（松平文庫一五六八）。

ゆたかなる年の貢とふる雪は君が千とせのかざし成けり

# 参考史料・参考文献（五十音順）

■史料（刊本）　本文中には、刊本の略称と収載史料名（＊印）を挙げた（番号のあるものは番号のみを記した）。

『愛知県史16』　『愛知県史』資料編16尾西・尾北編、愛知県、二〇一六　＊278「越前国福井綛糸仲間と尾張・美濃綛糸仲間との取替し規定書写」

『曙覧全歌集』　『橘曙覧全歌集』（岩波文庫）　水島直文・橋本政宣編注、岩波書店、一九九九　＊「志濃夫廼舎歌集」、「橘曙覧の家にいたる詞」

『曙覧全集』　『橘曙覧全集』　井手今滋編、岩波書店、一九二七　＊「橘曙覧小伝」、「藁屋詠草」、「藁屋文集」

『篤胤全集別』　『新修平田篤胤全集　別巻』　名著出版、一九八一

『今立町誌二』　『今立町誌』　第二巻史料編、今立町役場、一九八一　＊二―九―五「弘化四年御用諸向留二（抄）」

『絵馬』　『絵馬―EMA GALLERY―』（特別展図録）　福井県立博物館、一九九三　＊145「曳馬図」

『大野市史3』　『大野市史』　第3巻諸家文書編二、大野市役所、一九八一　＊五七―一八「長州征伐ニ付夫人足覚帳」

『岡倉天心展』　『生誕一五〇年・没後一〇〇年記念「岡倉天心展」』　福井県立美術館、二〇一三　＊8「生糸仕切書」

『御勝手帳』　『御勝手帳（三）』（内閣文庫所蔵史籍叢刊）　汲古書院、一九八五

『御客船帳』　『諸国御客船帳―近世海運史料―』（清文堂史料叢書）　柚木学編、清文堂出版、一九七七

『開運講資料』　『越知山開運講資料』　三井紀生編著、越知山大谷寺、二〇一七

『海舟日記』　『勝海舟関係資料　海舟日記（一）』（江戸東京博物館史料叢書）　東京都、二〇〇二

『神奈川資料』『神奈川県郷土資料集成』第二輯開港篇、神奈川県図書館協会、一九五八　＊五「横浜商店時情書」
『勝山市史四』『勝山市史』資料篇第四巻宗教・武家等、勝山市、二〇〇〇　＊乾一與家文書一「大砲・火薬等諸入用勘定帳」
『関西巡回記』『関西巡回記』永井環編、三秀舎、一九四〇　＊「関西巡回記」、「西遊日誌」、「氏寿履歴書」
『景岳全集』『橋本景岳全集　上・下』景岳会、一九三九
『激動と福井』『幕末維新の激動と福井―近代日本の夜明け前、福井が描いた国の姿―』（特別展図録）福井県立歴史博物館、二〇一八　＊9「松岡火薬局石碑」、37「橋本左内書簡　榊原幸八・伊藤友四郎宛」、50「国是三論写」、68「国是十二条」、77「坂本龍馬三岡八郎会見顚末記」、78「越行の記」、79「坂本龍馬書簡　中根雪江宛」、82「新政府綱領八策」、93「御用金穀取扱之儀取締の沙汰書」
『公用方秘録』『史料　公用方秘録』（彦根城博物館叢書）佐々木克編、サンライズ出版、二〇〇七
『国事叢記』『国事叢記　上』（福井県郷土叢書）福井県郷土誌懇談会、一九六一
『古文書選』『越前若狭古文書選』牧野信之助編、三秀舎、一九三三　＊「福井市一二　村田文書　梅田定明（雲浜）書状」
『再夢紀事』『再夢紀事・丁卯日記』（日本史籍協会叢書）東京大学出版会、一九七四
『昨夢紀事』『昨夢紀事　一～四』（日本史籍協会叢書）東京大学出版会、一九六八
『史料が語る』『史料が語る先人のあゆみ―近世諸家の歴史をたずねて―』福井市立郷土歴史博物館、一九九〇　＊52「U・S・グラント書状」
『修理日記』『越前藩幕末維新公用日記』本多修理　谷口初意校訂、福井県郷土誌懇談会、一九七四
『春嶽遺稿一』『春嶽遺稿　巻之一』松平康荘、一九〇一　＊「観海日志」
『春嶽全集一』『松平春嶽全集　第一巻』（明治百年史叢書）原書房、一九七三　＊「真雪草紙」、「逸事史補」
『春嶽全集二』『松平春嶽全集　第二巻』（明治百年史叢書）原書房、一九七三　＊「慶永公建白書類　四」

『春嶽全集三』　『松平春嶽全集　第三巻』（明治百年史叢書）原書房、一九七三　＊「合同舶入相秘記」
『春嶽全集四』　『松平春嶽全集　第四巻』（明治百年史叢書）原書房、一九七三　＊「政暇日記」
『逍遥園資料』　『逍遥園　襖の下張り展資料集』越前市武生公会堂記念館、二〇〇六　＊「文久二年上京記」
『小楠遺稿』　『横井小楠遺稿』山崎正董編、日新書院、一九四二　＊論著六「国是三論」、論著七「処時変議」、建白類八「国是七条」、談録二「北越土産」
『書簡集』　『松平春嶽未公刊書簡集―松平春嶽公百年祭記念―』伴五十嗣郎編、福井市立郷土歴史博物館、一九九一
『続再夢紀事』　『続再夢紀事　一〜六』（日本史籍協会叢書）東京大学出版会、一九七四
『続片聾記』　『続片聾記　中』（福井県郷土叢書）福井県立図書館、一九五六
『田中大秀』　『田中大秀』斐太中央出版、一九五四　＊「荏野門人録」
『たのしめる』　『たのしめる哥』積善会、一九八一
『玉里島津四』　『鹿児島県史料　玉里島津家史料四』鹿児島県、一九九五　＊一四四三「松平春嶽公ヨリ島津久光公へ」
『丁卯日記』　『再夢紀事・丁卯日記』（日本史籍協会叢書）東京大学出版会、一九七四
『堂社再建帖』　『堂社再建帖』三井紀生編著、越知山大谷寺、二〇一八
『中村三之丞』　『中村三之丞家文書目録』中村家文書調査委員会・福井県立歴史博物館、二〇一六　＊50「御用書幷村々告諭書」
『藩士履歴』　『福井藩士履歴　１〜７』（福井県文書館資料叢書）福井県文書館、二〇一三〜二〇一九
『風雲通信』　『幕末維新風雲通信―蘭医坪井信良家兄宛書翰集―』東京大学出版会、一九七八　＊五一「四月十一日付書翰」
『福井県史４』　『福井県史』資料編４中・近世二、福井県、一九八四　＊二―三九「友田是直家文書」
『福井県史５』　『福井県史』資料編５中・近世三、福井県、一九八五　＊二―一〇「山本喜平家文書」

『福井県史10』『福井県史』資料編10近現代一、福井県、一九八三　＊一―一二「御一新につき福井藩民政一件巨細報告始末書」、一―二七「福井藩民政につき達」、一―二八「福井藩郷長坊長名列」、二―四「金札を農商へ貸出につき惣会所趣意書」、二―六「福井惣会所起留（抄）」、二―九「貸出し見合せにつき四郡大庄屋などの願書」、二―一五「融通引立会所設立につき留」

『福井市史4』『福井市史』資料編4近世二、福井市、一九八八　＊一八八「内外見聞日録」、一八九「霊岸島邸大奥御用日記」

『福井市史5』『福井市史』資料編5近世三、福井市、一九九〇　＊一九一「役人列集」、二二八「弘化元年本払帳」、二四〇「安政元年本立入用凡積」、二四一「諸入用ニ付心付覚」、二四二「再調平常量制本払仮積帳」、二六六「心志録日記」

『福井市史6』『福井市史』資料編6近世四下、福井市、一九九九　＊一二六四「家中渡免定」、一二七三「加免宥免方達」、一三〇三「製造方精励筋達」、一三一二「製造方細工場ニ付達」、一三二二「町在鉄砲職手前繕停止触」、一三三五「国産反物使用方等達」、一三五二「三国湊出入商物運上銀幷取立方定」、一三五七「多葉粉口銭廃止ニ付達」、一三七七「挙藩上洛ニ付御用金賦課達」、一三七九「制産方郡役所付属ニ付達」、一三八六「小物成倍額取立方触」、一三九〇「製造局役務柄ニ付達」、一三九七「長州出兵ニ付夫人足定」、一四五七「評定局取建方達」、一四六二「代官方掟条々」、一四六三「金札貸渡方達」、一四六四「惣会所取建ニ付札所廃止達」、一四六七「町在貸付方心得書」、一四七〇「村方小前貸付規則」、一四八三「村々乞食締方規定」、一四八五「町在調達金達」

『福井市史7』『福井市史』資料編7近世五、福井市、二〇〇二　＊二「福井城下扶持人姓名書上」、四「山口家譜」

『福井市史9』『福井市史』資料編9近世七、福井市、一九九四　＊三「中根雪江長歌幷短歌」、七「平田鋏胤書状」、一〇

「明道館用留抜書」

『福井市史別』『福井市史』資料編別巻絵図・地図、福井市、一九八九　＊69「海浜巡視水陸路程図」

『福井城今昔』『福井城の今昔　上』歴史図書社、一九七五　＊巻一―三三「西洋型船の建造」

『復古記』『復古記　第十四冊』東京大学出版会、二〇〇七（一九三〇版の復刻）

『奉答紀事』『奉答紀事―春嶽松平慶永実記―』（新編日本史籍叢書）中根雪江、東京大学出版会、一九八〇

『戊辰日記』『戊辰日記』（日本史籍協会叢書）東京大学出版会、一九七三

『町会所日記』『横浜町会所日記―横浜町名主小野兵助の記―』横浜開港資料館、一九九一

『三国町内田』『三国町史料　内田家記録』三国町教育委員会、一九七〇

『三国町海運』『三国町史料　海運記録』三国町教育委員会、一九八〇　＊「森田文書」、「新屋文書」

『三国町町内』『三国町史料　町内記録』三国町教育委員会、一九七三　＊「三国湊記録（支配人日記）」、「三国湊問丸日記補遺」

『湊史料』『小浜・敦賀・三国湊史料』（福井県郷土叢書）福井県郷土誌懇談会、一九五九　＊三国―三「三国湊御用留帳」、三国―四「三国湊問丸日記」

『慶永家譜』『越前松平家家譜　慶永1～5』（福井県文書館資料叢書）福井県文書館、二〇一〇～二〇一一

『龍馬全集』『坂本龍馬全集　増補四訂版』光風社出版、一九八八　＊第三部九「西南紀行」、第三部三一「由利公正覚書」（「坂本龍馬遺事録」「坂本龍馬三岡八郎会見顛末記」）

■史料（未刊）　本文中、史料群に含まれる史料（＊印）は（「史料名」史料群名）の形で記載したが、「内田璞家文書」と「松平文庫」については公刊目録の番号のみを示した。

青山小三郎関係文書　国会図書館憲政資料室蔵

内田璞家文書　坂井市みくに龍翔館寄託　以下、番号は『内田璞家文書目録』坂井市教育委員会・みくに龍翔館、二〇一六による　＊①1「御用記一」、①2「御用記二」、①27「諸事覚書」、②48「己巳年中勘定」、⑤283「家之記録」、⑤292「西内田初代記録」、⑤299「店方控七ケ条（文久三年亥十一月依御奉行中之仰家法相定候節之記のうち）」、⑤308「内田西家之記録」、⑤324「器財録」

越前大野土井家文書　柳廼社（大野市）保管

越前史料　国文学研究資料館蔵　＊「内田曾平勤書」、「内田文書」、「海中日記」、「熊谷正治家文書」、「御維新前御改正記」、「佐々木文書」、「佐々木長淳略履歴」、「薩州藩中御泊記」、「福井藩御用金覚」、「三好波静略伝」

越葵文庫　福井市立郷土歴史博物館保管　＊「茂昭家譜」

越国文庫　福井市立図書館蔵　＊「御家流組訓練」

「汾陽光遠（次郎右衛門）越航日記」　鹿児島県立図書館蔵

小出家資料　福井県立歴史博物館蔵　＊「芳野菅子（八十瀬）宛書簡」

「小曾根六左ェ門拝借一件同人持地取調子書類同人諸伺書」　長崎歴史文化博物館蔵

「薩州御交易記録」　山口県文書館蔵

千住家文書　佐賀県立図書館蔵　＊E―64「越前之長谷部甚平ゟ同藩之三岡石五郎へ差越候手紙写」

刀祢五郎兵衛家文書　坂井市みくに龍翔館蔵

「中野半左衛門日記抄」　山口県文書館蔵

「野村盛秀日記」　鹿児島歴史資料センター黎明館蔵
「野村盛秀要留」　東京大学史料編纂所蔵
福井市春嶽公記念文庫　福井市立郷土歴史博物館蔵　＊「安藤フクラ大概之図（橋本左内関連書翰巻軸その1）」、「京都日記」、「秘書（中根雪江筆）」
「浮天斎日記」　東京大学史料編纂所蔵
古田良一文庫　東北学院大学図書館蔵　＊「（内田家）日記」
本多重方家文書　坂井市みくに龍翔館蔵　＊「松平慶永統治条目」、「本多飛驒弁解書」
松ケ下区有文書　坂井市みくに龍翔館寄託　＊「御触写」
松平文庫　福井県文書館保管　以下、番号は『松平文庫福井藩史料目録』福井県立図書館、一九八九による　＊一一九「越前世譜　茂昭様御代」、六九三「福井藩役々勤務雑誌」、七〇五「御用日記」、七〇六「少傅日録抄」、七二一「公私録」、七四二「惣武芸所御用留抜書」、七七二「福井藩ニ関スル諸記事（村田巳三郎宛長谷部甚平書状（写））」、七八九「文久三亥雑記」、八四七「会計之部（御内用金銀達書覚・御内用金銀量制便覧・慶応四年辰御本払差引仮積・慶応四辰年御内用金銀量制便覧）」、八五一「福井藩御量制ニ関スル諸書附（文久二年一一月迄正金出入・両替金覚）」、九一一「大奥女中分限帳」、九二一「士族」、九二二「子弟輩」、九二三「新番格以下増補雑輩」、九二六「新番格以下」、九二七「御国在方」、九三四「雑類」、九六六「御家中屋敷地絵図」、九八六「福井藩軍制諸役心得書」、九九六「京都堺町守衛兵防戦記」、一〇二〇「征長出陣記」、一〇三一「製造局御用品ノ内大砲小銃絵図類中抜萃（和蘭銅製六斤・十二斤加農砲）」、一一〇九「越前家流総備編制法大組学」、一三九一「慶永様御廉中様越前福井御住居ニ付本多源四郎宅仮御殿之図」、一五六八「文藻雅集」、一五九二「旅泊のすさみ」、追加「御家流兵士訓練」
松屋文書　個人蔵

横井家文書　京都市歴史資料館架蔵写真帳「横井家文書」№一一二三

■参考文献

青山　忠正　二〇〇〇『明治維新と国家形成』吉川弘文館
青山　忠正　二〇一二『日本近世の歴史6明治維新』吉川弘文館
家近　良樹　二〇一五『ある豪農一家の近代―幕末・明治・大正を生きた杉田家―』（講談社選書メチエ）　講談社
猪飼・小倉　二〇一一「横井小楠の松平源太郎宛書翰」『横井小楠と変革期思想研究』第6号（猪飼隆明と小倉嘉夫の共著）
猪飼　隆明　二〇一〇「文久期幕政改革と横井小楠」『横井小楠と変革期思想研究』第5号
石井　謙治　一九八三『図説和船史話』（図説日本海事史話叢書）　至誠堂
維新史学会　二〇一一『明治維新史研究の今を問う―新たな歴史像を求めて―』有志舎（明治維新史学会編）
井上　勝生　二〇〇二『日本の歴史　第18巻　開国と幕末変革』講談社
大久保利謙　一九五七「五ヶ条の誓文に関する一考察」『歴史地理』第八八巻第二号（のち『大久保利謙歴史著作集1明治維新の政治過程』吉川弘文館、一九八六に再録）
岡本村史　一九五六『岡本村史』本篇、岡本村史刊行会
雄島村誌　一九三二『雄島村誌』坂井郡雄島尋常小学校
折口　信夫　一九九六「橘曙覧評伝」『折口信夫全集14』中央公論新社
熊澤恵里子　二〇〇七『幕末維新期における教育の近代化に関する研究―近代学校教育の生成過程―』風間書房
熊澤恵里子　二〇一八「福井県の中学校形成史」『明治前期中学校形成史　府県別編Ⅳ北陸東海』梓出版社
佐々木　克　二〇〇四『幕末政治と薩摩藩』吉川弘文館

佐々木　克　二〇一四『幕末史』（ちくま新書）筑摩書房
沢田　章　一九三四『明治財政の基礎的研究―維新当初の財政―』宝文館
雪江先生　一九七七『中根雪江先生』中根雪江先生百年祭事業会
高木不二　一九九五「越前藩士村田氏壽論―『関西巡回記』『西遊日誌』を中心に―」『明治維新の人物と思想』（明治維新史研究3）吉川弘文館
高木不二　一九九七「松平春嶽受譴期の越前藩」『日本史研究』四一三号
高木不二　二〇〇五『横井小楠と松平春嶽』（幕末維新の個性2）吉川弘文館
高木不二　二〇〇九『日本近世社会と明治維新』有志舎
田中　彰　一九九六『幕末維新史の研究』（日本史学研究叢書）吉川弘文館
長野栄俊　二〇〇八「佐々木権六（長淳）に関する履歴・伝記史料の紹介」『若越郷土研究』第五二巻第二号
長野栄俊　二〇一三「岡倉天心の父親について」『生誕一五〇年・没後一〇〇年記念「岡倉天心展」』福井県立美術館
長野栄俊　二〇一四「剣士としての佐々木権六―福井藩における『長剣術』導入との関連で―」『福井県史研究会会報』第七号
西川・佐藤　一九九四「生糸仕切書と書簡三通―『館蔵資料』展出陳資料から―」『開港のひろば』第四四号（西川武臣・佐藤孝共著）
西川武臣　一九九一「開港直後の横浜生糸売込商―藩専売とのかかわりを中心に―」『横浜開港資料館紀要』第九号
西川武臣　一九九七『幕末明治の国際市場と日本―生糸貿易と横浜―』雄山閣出版
芳賀八弥　一九〇二『由利公正』八尾書店
橋本・水島　一九九九「解説」『橘曙覧全歌集』（岩波文庫）岩波書店（橋本政宣・水島直文編注）

畑　尚子　二〇〇九『徳川政権下の大奥と奥女中』岩波書店
菱谷　武平　一九八八『長崎外国人居留地の研究』九州大学出版会
福井教育史　一九七八『福井県教育百年史』第一巻通史編(一)、福井県教育委員会
福井県史　一九九四『福井県史』通史編5近現代一、福井県
福井県史　一九九六『福井県史』通史編4近世二、福井県
福井市史　一九九四『福井市史』通史編3近現代、福井市
福井市史　二〇〇八『福井市史』通史編2近世、福井市
舟澤　茂樹　二〇〇二「福井藩の金津奉行」『福井県地域史研究』第一一号
前田　勉　二〇一二『江戸の読書会―会読の思想史―』(平凡社選書)　平凡社
松浦　玲　二〇一〇a『勝海舟』筑摩書房
松浦　玲　二〇一〇b『横井小楠』(ちくま学芸文庫)　筑摩書房(一九七六版の増補版)
三上　一夫　一九九〇『公武合体論の研究　改訂版―越前藩幕末維新史分析―』御茶の水書房
三上　一夫　一九九六『横井小楠の新政治社会像―幕末維新変革の軌跡―』思文閣出版
三上　一夫　二〇〇四『幕末維新と松平春嶽』吉川弘文館
三上・舟澤　一九九九『松平春嶽のすべて』新人物往来社(三上一夫と舟澤茂樹の共編)
三上・舟澤　二〇〇一『由利公正のすべて』新人物往来社(三上一夫と舟澤茂樹の共編)
三国町史　一九六四『三国町史』三国町
三谷　博　二〇一七『維新史再考―公議・王政から集権・脱身分化へ―』(ＮＨＫブックス)　ＮＨＫ出版
三岡　丈夫　一九一六『由利公正伝』光融館

本川　幹男　二〇一一「福井藩産物会所の設立と横井小楠」『横井小楠と変革期思想研究』第六号
本川　幹男　二〇一五「勝山製糸業の成立と展開―幕末から明治期にかけて―」『世界へとどけ！勝山シルク―勝山製糸会社と官営富岡製糸場―』（はたやブックレット4）　はたや記念館ゆめおーれ勝山
本川　幹男　二〇一七「幕末期福井藩の殖産興業策と財政について」『若越郷土研究』第六一巻第二号
母利　美和　二〇〇六『井伊直弼』（幕末維新の個性6）　吉川弘文館
柳沢芙美子　二〇一九「福井藩における藩営除痘館の開設とその運営」『福井県文書館研究紀要』第一六号
山口　宗之　一九八五『橋本左内』（人物叢書）　吉川弘文館（一九六二版の新装版）
山田　秋甫　一九二六『橘曙覧伝幷短歌集』中村書店
山田　秋甫　一九三二『橋本左内言行録』橋本左内言行録刊行会
由利　正通　一九四〇『子爵由利公正伝』私家版
横浜市史　一九五九『横浜市史』第二巻、横浜市
横山　伊徳　二〇一七a「オランダ総領事デ・ウィット月例報告―一八六〇年～一八六三年―（一）」『東京大学史料編纂所研究紀要』第二七号
横山　伊徳　二〇一七b「日本開港とロウ貿易―オランダ貿易会社を例に―」『明治維新と外交』（講座明治維新6）　有志舎
吉田　叡　一九八二「明治初年における福井藩民政組織について」『福井県地域史研究』第九号
吉田　健　二〇一一「文久三年の龍馬と福井藩」『福井県文書館研究紀要』第八号

(福岡県)へ藩勢を率い着陣。農兵も100石に2人動員。

12月21日、水戸天狗党勢12月4日越前に入るも、この日加賀藩勢に投降。

慶応元年(1865) 4月25日、勝木十蔵を御奉行役兼会所奉行とし、産物会所再強化を図る。

2年(1866) 3月7日、薩摩藩汾陽次郎右衛門来福し、福井藩との交易協定成立。

6月3日、薩摩藩野村盛秀来福し、8月まで領内中心に産物調査。

6月23日、長谷部甚平・三岡八郎(石五郎から改名)、処分解除される。

＊文久3年挙藩上京関係者の処分はすべて解除となった。

10月13日、藩政を協議する評議席を設ける。

3年(1867) 1月16日、産物会所より他国会所を独立させ他国交易を強化する。

4月22日、佐々木権六、武器買付のためアメリカへ出発。ジョンソン大統領にも謁見し、野戦砲等多数購入して翌年3月帰国。

10月14日、大政奉還。これをうけ春嶽、11月2日京へ。

10月28日、坂本龍馬三度目の来福、30日、三岡八郎と会談。

12月9日、小御所会議。春嶽が議定、12月中根雪江等参与となる。

明治元年(1868) 1月8日、徴士参与三岡、「議事之体大意」を書く。その後加筆修正を受けて3月14日、「五箇条の御誓文」発布される。

2月15日、北陸道鎮撫総督、西本願寺掛所で越前諸藩主等に新政を伝達。

3月5日、三岡、福井に戻り今立郡五箇で政府「金札」抄造を開始する。

3月10日、春嶽、越前5藩の盟約構想を示す。

4月11日、藩庁に評定局を設け、藩の「公議」体制を推進する。

5月26日、長谷部、徴士濃州笠松県知事拝命し、1度断るも9月に着任。

6月24日、この日より福井藩兵計1,192人、越後へ出兵(11月帰国)。

9月17日、惣会所設置(札所は中止)、9月28日開館式。

2年(1869) 2月10日、政府の藩治職制に基づく改革を進め、民政局設置。

2月、町方・村方の小前へ「貸付規則」出る。

2月、引立会所設置を決める。

3月1日、三岡、病気療養で京より帰国。

8月、藩籍奉還により、藩知事を長官とするなど改革実施。

9月8日、春嶽、民部官知事から民部卿、翌月大蔵卿も兼任し、かつ大学別当兼侍読となる(3年7月、全役職を離れる)。

10月、引立会所を10か所、枝会所30か所とする。

11月20日、三岡、大参事同様待遇となる。

3年(1870) 2月、地方制度改革(町・在役人を坊長・肆長、郷長・里長等に改正)。

4月、郷学所を設置し領民の教育を奨励。

8月7日、武生騒動起こり藩出張所、松井耕雪宅など打毀される。

閏10月、引立会所を郷会所に改める。

4年(1871) 7月14日、廃藩置県。知藩事茂昭は東京へ。

7月23日、由利公正(三岡から改姓名)、東京府知事となる。

# 年表 幕末の福井藩

天保７年(1836) ２月17日、藩借財90万両を挙げ幕府へ増高等を願う。
＊この年から翌年にかけ天保大飢饉。
天保９年(1838) 10月20日、田安錦之丞、福井藩松平家を相続。後慶永と称す(11歳)。

嘉永元年(1848) ８月、三国で西洋流大砲の鋳造を始める。

２年(1849) １月20日、産物趣法は「国益」にならず「下々迷惑」と中止する。

11月25日、笠原白翁、痘苗を京都より持ち帰り城下で種痘を開始する。

３年(1850) ７月28日、勝木十蔵郡奉行、９月15日、長谷部甚平御奉行となる。

６年(1853) ６月３日、アメリカペリー艦隊浦賀に来航、福井藩は品川御殿山に陣。

安政元年(1854) ３月３日、日米和親条約締結。藩、この頃より洋式武器の製造強化。

２年(1855) ６月24日、藩校明道館開館式。

４年(1857) １月15日、橋本左内、明道館学監となる。藩政改革が本格化。

４月20日、城下志比口の製造方細工場で洋式鉄砲の大量製造を目指す。

11月28日、左内、積極的開国論、統一国家論を展開する。

５年(1858) ４月10日、横井小楠、熊本藩より賓師として招聘され着福。

７月５日、藩主慶永(春嶽)隠居・謹慎となり、茂昭が福井藩襲封。

11月、制産方が組織され、殖産興業策が推進され始める。

12月15日、小楠の一時帰熊に三岡石五郎等同伴し、下関・長崎等巡覧。
＊この年、藩財政は一応安定する。
６年(1859) ４月21日、前年完成した洋式帆船一番丸、江戸へ処女航海に出発。

６月、横浜の藩営店石川屋、営業を開始する。

10月7日、橋本左内、死罪となる。

万延元年(1860) ８月、長崎豪商小曽根氏との交渉まとまり、長崎交易が軌道に乗る。

10月、三国湊の口銭規定が改訂される。

10月、藩内の東北論争が和解。小楠「国是三論」を執筆。

12月、この頃、藩の「産物会所」が設立される。

文久元年(1861) ４月８日、小楠、江戸に到着し春嶽と初対面、８月20日まで滞在する。

２年(1862) ７月９日、春嶽、政事総裁職に就き幕政改革に取り組む。小楠も呼び出されて協力し、間もなく改革論「国是七条」を提出。

３年(1863) ２月４日、春嶽、将軍上洛に先立ち着京。ただし攘夷論強く４月25日帰国。

５月22日、挙藩上京を決定し心得を家臣団に発表する。

７月23日、挙藩上京を中止し、長谷部など上京強硬論者を次々処分。

10月３日、制産方、以後は郡方付属とされ、活動は停滞する。

10月18日、春嶽上京。12月晦日参与に任じられ翌年参与会議に参加。

元治元年(1864) ２月15日、春嶽、京都守護職となる(６月まで)。

３月、領内へ御用金７万両を課す。

７月19日、禁門の変勃発し、堺町門守衛の福井藩勢も激しく応戦。

８月28日、藩主茂昭、第一次長州出兵に副総督として福井を出立。小倉

【著者紹介】

本川　幹男（もとかわ みきお）

1941年生まれ　富山大学文理学部文学科(史学専攻)卒業
福井県立高等学校に勤務(～2002)
その間 福井県史編さん室(課)で県史編纂に従事(1982～88)
福井県史・福井市史・勝山市史等各地の自治体史(誌)に執筆
主要著書・論文
『由利公正のすべて』(分担執筆、新人物往来社、1999)
「幕末期、福井藩の他国交易について一横浜・長崎・下関における一」
(『福井県地域史研究』第12号、2008)
「産物会所と惣会所」(『福井市史』通史編２近世、第七章第五節、2008)
「幕末の福井藩士長谷部甚平について」
(『横井小楠と変革期思想研究』第７号、2013)
「幕末期福井藩の殖産興業策と財政について」
(『若越郷土研究』第61巻第２号、2017)

【執筆者紹介】掲載順

**内田　好美**（うちだ よしみ）
福井市橘曙覧記念文学館 学芸員
**熊澤恵里子**（くまざわ えりこ）
東京農業大学教職･学術情報課程教授･同大学大学院農学研究科環境共生学専攻教授
**長野　栄俊**（ながの えいしゅん）
福井県文書館(福井県立図書館兼務) 主任(司書)
**平野　俊幸**（ひらの としゆき）
福井県立歴史博物館 利用サービス室長
**柳沢芙美子**（やなぎさわ ふみこ）
福井県文書館 副館長

【編者紹介】

**福井県郷土誌懇談会**（ふくいけん　きょうどし　こんだんかい）

福井県に関する考古、歴史、地理、民俗、自然等の研究を通して郷土文化への関心を深め守ることを目的として1952年に発足（事務局：福井県立図書館内）。機関誌『若越郷土研究』を年２回刊行。これまでに「福井県郷土叢書」（主要史料の翻刻）や「福井県郷土新書」などを出版。当ブックレットの既刊に『越前・若狭の戦国』（松浦義則ほか著）がある。

岩田書院ブックレット
歴史考古学系H29

**幕末の福井藩**（ばくまつ　ふくいはん）

2020年（令和２年）３月　第１刷　1100部発行　　定価［本体1600円＋税］

著　者　本川 幹男 ほか

編　者　福井県郷土誌懇談会

発行所　有限会社 岩田書院　代表：岩田　博　http://www.iwata-shoin.co.jp

〒157-0062 東京都世田谷区南烏山4-25-6-103　電話03-3326-3757　FAX03-3326-6788

組版：白鳥舎　印刷・製本：藤原印刷　Printed in Japan

ISBN978-4-86602-092-1　C1321　¥1600E

## 岩田書院 刊行案内（26）

| No. | 著者 | 書名 | 本体価 | 刊行年月 |
|---|---|---|---|---|
| 014 | 時代考証学会 | 時代劇メディアが語る歴史 | 3200 | 2017.11 |
| 015 | 川村由紀子 | 江戸・日光の建築職人集団＜近世史47＞ | 9900 | 2017.11 |
| 016 | 岸川　雅範 | 江戸天下祭の研究 | 8900 | 2017.11 |
| 017 | 福江　　充 | 立山信仰と三禅定 | 8800 | 2017.11 |
| 018 | 鳥越　皓之 | 自然の神と環境民俗学 | 2200 | 2017.11 |
| 019 | 遠藤ゆり子 | 中近世の家と村落 | 8800 | 2017.12 |
| 020 | 戦国史研究会 | 戦国期政治史論集　東国編 | 7400 | 2017.12 |
| 021 | 戦国史研究会 | 戦国期政治史論集　西国編 | 7400 | 2017.12 |
| 024 | 上野川　勝 | 古代中世 山寺の考古学 | 8600 | 2018.01 |
| 025 | 曽根原　理 | 徳川時代の異端的宗教 | 2600 | 2018.01 |
| 026 | 北村　行遠 | 近世の宗教と地域社会 | 8900 | 2018.02 |
| 027 | 森屋　雅幸 | 地域文化財の保存・活用とコミュニティ | 7200 | 2018.02 |
| 029 | 谷戸　佑紀 | 近世前期神宮御師の基礎的研究＜近世史48＞ | 7400 | 2018.02 |
| 030 | 秋野　淳一 | 神田祭の都市祝祭論 | 13800 | 2018.02 |
| 031 | 松野　聡子 | 近世在地修験と地域社会＜近世史48＞ | 7900 | 2018.02 |
| 032 | 伊能　秀明 | 近世法制実務史料 官中秘策＜史料叢刊11＞ | 8800 | 2018.03 |
| 033 | 須藤　茂樹 | 武田親類衆と武田氏権力＜戦国史叢書16＞ | 8600 | 2018.03 |
| 179 | 福原　敏男 | 江戸山王祭礼絵巻 | 9000 | 2018.03 |
| 034 | 馬場　憲一 | 武州御嶽山の史的研究 | 5400 | 2018.03 |
| 037 | 小畑　紘一 | 祭礼行事「柱松」の民俗学的研究 | 12800 | 2018.04 |
| 038 | 由谷　裕哉 | 近世修験の宗教民俗学的研究 | 7000 | 2018.04 |
| 039 | 佐藤　久光 | 四国猿と蟹蜘蛛の明治大正四国霊場巡拝記 | 5400 | 2018.04 |
| 040 | 川勝　守生 | 近世日本石灰史料研究11 | 8200 | 2018.06 |
| 041 | 小林　清治 | 戦国期奥羽の地域と大名・郡主＜著作集２＞ | 8800 | 2018.06 |
| 042 | 福井郷土誌 | 越前・若狭の戦国＜ブックレットH24＞ | 1500 | 2018.06 |
| 043 | 青木・ﾐﾋｪﾙ他 | 天然痘との闘い：九州の種痘 | 7200 | 2018.06 |
| 045 | 佐々木美智子 | 「俗信」と生活の知恵 | 9200 | 2018.06 |
| 046 | 下野近世史 | 近世下野の生業・文化と領主支配 | 9000 | 2018.07 |
| 048 | 神田より子 | 鳥海山修験 | 7200 | 2018.07 |
| 049 | 伊藤　邦彦 | 「建久四年曾我事件」と初期鎌倉幕府 | 16800 | 2018.07 |
| 050 | 斉藤　　司 | 福原高峰と「相中留恩記略」＜近世史51＞ | 6800 | 2018.07 |
| 047 | 福江　　充 | 立山曼荼羅の成立と縁起・登山案内図 | 8600 | 2018.07 |
| 051 | 木本　好信 | 時範記逸文集成＜史料選書６＞ | 2000 | 2018.09 |
| 053 | 藤原　　洋 | 仮親子関係の民俗学的研究 | 9900 | 2018.09 |
| 055 | 黒田・丸島 | 真田信之・信繁＜国衆21＞ | 5000 | 2018.09 |
| 056 | 倉石　忠彦 | 都市化のなかの民俗学 | 11000 | 2018.09 |
| 057 | 飯澤　文夫 | 地方史文献年鑑2017 | 25800 | 2018.09 |
| 059 | 鈴木　明子 | おんなの身体論 | 4800 | 2018.10 |

# 岩田書院 刊行案内（27）

| | 著者 | 書名 | 本体価 | 刊行年月 |
|---|---|---|---|---|
| 060 | 水谷・渡部 | オビシャ文書の世界 | 3800 | 2018.10 |
| 061 | 北川　　央 | 近世金毘羅信仰の展開 | 2800 | 2018.10 |
| 062 | 悪党研究会 | 南北朝「内乱」 | 5800 | 2018.10 |
| 063 | 横井　香織 | 帝国日本のアジア認識 | 2800 | 2018.10 |
| 180 | 日本史史料研 | 日本史のまめまめしい知識３ | 1000 | 2018.10 |
| 064 | 金田　久璋 | ニソの杜と若狭の民俗世界 | 9200 | 2018.11 |
| 065 | 加能・群歴 | 地域・交流・暮らし＜ブックレットH25＞ | 1600 | 2018.11 |
| 067 | 宮城洋一郎 | 日本古代仏教の福祉思想と実践 | 2800 | 2018.11 |
| 068 | 南奥戦国史 | 伊達天正日記 天正十五年＜史料選書７＞ | 1600 | 2018.11 |
| 069 | 四国地域史 | 四国の中世城館＜ブックレットH26＞ | 1300 | 2018.12 |
| 070 | 胡桃沢勘司 | 押送船 | 1900 | 2018.12 |
| 071 | 清水紘一他 | 近世長崎法制史料集２＜史料叢刊12＞ | 18000 | 2019.02 |
| 072 | 戸邉　優美 | 女講中の民俗誌 | 7400 | 2019.02 |
| 073 | 小宮木代良 | 近世前期の公儀軍役負担と大名家＜ブックレットH27＞ | 1600 | 2019.03 |
| 074 | 小笠原春香 | 戦国大名武田氏の外交と戦争＜戦国史17＞ | 7900 | 2019.04 |
| 075 | 川勝　守生 | 近世日本石灰史料研究12 | 5400 | 2019.05 |
| 076 | 地方史研究会 | 学校資料の未来 | 2800 | 2019.05 |
| 077 | 朝幕研究会 | 論集 近世の天皇と朝廷 | 10000 | 2019.05 |
| 078 | 野澤　隆一 | 戦国期の伝馬制度と負担体系＜戦国史18＞ | 6800 | 2019.06 |
| 079 | 橋詰　　茂 | 戦国・近世初期 西と東の地域社会 | 11000 | 2019.06 |
| 080 | 萩原　三雄 | 戦国期城郭と考古学 | 6400 | 2019.07 |
| 081 | 中根　正人 | 常陸大掾氏と中世後期の東国＜戦国史19＞ | 7900 | 2019.07 |
| 082 | 樋口　雄彦 | 幕末維新期の洋学と幕臣＜近代史23＞ | 8800 | 2019.08 |
| 083 | 木本　好信 | 藤原南家・北家官人の考察＜古代史13＞ | 4900 | 2019.08 |
| 084 | 西沢　淳男 | 幕領代官・陣屋 データベース | 3000 | 2019.08 |
| 085 | 清水　紘一 | 江戸幕府と長崎政事 | 8900 | 2019.08 |
| 086 | 木本　好信 | 藤原式家官人の考察 | 5900 | 2019.09 |
| 087 | 飯澤　文夫 | 地方史文献年鑑2018 | 25800 | 2019.10 |
| 088 | 岩橋・吉岡 | 幕末期の八王子千人同心と長州征討 | 3000 | 2019.11 |
| 089 | 西沢　淳男 | 飛騨郡代豊田友直在勤日記１＜史料叢刊13＞ | 7000 | 2019.11 |
| 090 | 幕藩研究会 | 論集 近世国家と幕府・藩 | 9000 | 2019.11 |
| 091 | 天田　顕徳 | 現代修験道の宗教社会学 | 4800 | 2019.11 |
| 092 | 坂本　　要 | 東国の祇園祭礼 | 11000 | 2019.12 |
| 093 | 市村高男ほか | 勝尾城筑紫氏遺跡と九州の史跡整備＜H28＞ | 1800 | 2019.12 |
| 094 | 丹治　健蔵 | 東海道箱根関所と箱根宿＜近世史52＞ | 7200 | 2019.12 |
| 095 | 川勝　賢亮 | 武州拝島大師本覚院の歴史文化 | 1800 | 2020.01 |
| 096 | 加藤　正春 | 奄美沖縄の霊魂観 | 8000 | 2020.02 |
| 097 | 石井　清文 | 鎌倉幕府連署制の研究 | 11800 | 2020.02 |

## 岩田書院ブックレット 歴史考古学系Ｈ

| | | | | |
|---|---|---|---|---|
| ① | 史料ネット | 平家と福原京の時代 | 1600円 | 2005.05 |
| ② | 史料ネット | 地域社会からみた「源平合戦」 | 1400円 | 2007.06 |
| ③ | たばこ塩博 | 広告の親玉赤天狗参上！ | 1500円 | 2008.08 |
| ④ | 原･西海 ほか | 寺社参詣と庶民文化 | 1600円 | 2009.10 |
| ⑤ | 田村　貞雄 | 「ええじゃないか」の伝播 | 1500円 | 2010.04 |
| ⑥ | 西海･水谷ほか | 墓制・墓標研究の再構築 | 1600円 | 2010.10 |
| ⑦ | 板垣・川内 | 阪神淡路大震災像の形成と受容 | 1600円 | 2010.12 |
| ⑧ | 四国地域史 | 四国の大名 | 品切れ | 2011.04 |
| ⑨ | 市村高男ほか | 石造物が語る中世の佐田岬半島 | 1400円 | 2011.08 |
| ⑩ | 萩原研究会 | 村落･宮座研究の継承と展開 | 1600円 | 2011.09 |
| ⑪ | 四国地域史 | 戦争と地域社会 | 1400円 | 2011.10 |
| ⑫ | 法政大多摩 | 文化遺産の保存活用とNPO | 1400円 | 2012.03 |
| ⑬ | 四国地域史 | 四国の自由民権運動 | 1400円 | 2012.10 |
| ⑭ | 時枝･由谷ほか | 近世修験道の諸相 | 1600円 | 2013.05 |
| ⑮ | 中世史ｻﾏｰｾﾐﾅｰ | 日本中世史研究の歩み | 1600円 | 2013.05 |
| ⑯ | 四国地域史 | 四国遍路と山岳信仰 | 品切れ | 2014.01 |
| ⑰ | 品川歴史館 | 江戸湾防備と品川御台場 | 1500円 | 2014.03 |
| ⑱ | 群馬歴史民俗 | 歴史・民俗からみた環境と暮らし | 1600円 | 2014.03 |
| ⑲ | 武田氏研究会 | 戦国大名武田氏と地域社会 | 1500円 | 2014.05 |
| ⑳ | 笹原･西岡ほか | ハレのかたちー造り物の歴史と民俗ー | 1500円 | 2014.09 |
| ㉑ | 四国地域史 | 「船」からみた四国ー造船･異国船･海事都市ー | 1500円 | 2015.09 |
| ㉒ | 由谷　裕哉 | 郷土の記憶・モニュメント | 1800円 | 2017.10 |
| ㉓ | 四国地域史 | 四国の近世城郭 | 1700円 | 2017.10 |
| ㉔ | **福井郷土誌懇** | **越前・若狭の戦国** | 1500円 | 2018.06 |
| ㉕ | 加能・群馬 | 地域・交流・暮らし | 1600円 | 2018.11 |
| ㉖ | 四国地域史 | 四国の中世城館 | 1300円 | 2018.12 |
| ㉗ | 小宮木代良 | 近世前期の公儀軍役負担と大名家 | 1600円 | 2019.03 |
| ㉘ | 市村高男ほか | 勝尾城筑紫氏遺跡と九州の史跡整備 | 1800円 | 2019.12 |